好調馬、不調馬を見抜

パドックの教科書

治郎丸敬之 著／競馬道OnLine編集部 編

目次

まえがき

「ここで馬が走るんだ？　競馬場って思ったよりも小さいんだね」

初めて競馬場に連れて来られたと思しき女の子が無邪気に聞くと、

「アハハ、そんなわけないじゃん。ここはパドックと言って、馬の下見をするところ。実際のレースは向こうでやるんだ」と男は笑いながら本馬場の方を指差す。

「へぇー、そうなんだ。知らなかった〜。どおりで小さいと思った」と女の子は顔を朱に染める。


どこの競馬場のパドックでも見られる、微笑ましい光景です。

男の言うとおり、パドックとはこれからレースに出走しようとする馬の下見所です。日常生活で馬に触れる機会の少ない僕たちにとって、実物のサラブレッドを初めて目にしたのが競馬場のパドックだった、なんて方も結構多いのではないでしょうか。

何を隠そう、僕もその一人です。東京競馬場のパドックで、生まれて初めて見たサラブレッドの大きさに、驚きを隠すことができませんでした。極限にまで鍛え上げられたサラブレッドの美しさや、勝負服を身にまとったジョッキーたちの神々しさに、僕はしばし言葉を失いました。あれから30年のときを経た今でも、競馬場に行ってパドックに立つと、あのときと変わらず胸の鼓動が高まります。

そんな僕ではありますが、パドック党かどうかと問われると、答えに窮してしまいます。競馬場に行けば必ずパドックに足を運びますし、パドックは競馬予想をする上でのひとつのファクターになりうるのですが、絶対的なものではありません。パドックを見ただけで勝ち馬を当てることは難しいのです。競馬のレースはもっと複雑な要素が幾重にも絡み合って結果が出るため、馬の体調が良くて、走る気になっているだけでは勝てないからです。

だからこそ、日々馬と関わっているプロフェッショナルでさえ、「パドックを見ても分からない」と明言するのでしょう。トップトレーナーであった藤沢和雄元調教師は、「馬体は見ません。鞍をつけてゼッケンを置いてしまうと私の目には分かりづらいから」と言い、エアグルーヴやウイニングチケットなどの名馬を育てた伊藤雄二元調教師も、「これだけ長いこと競馬に携わっている私でも、分かりませんと答えるしかありません」とパドックの難しさを語っていました。

また、「武豊ＴＶ！」に出演した松永幹夫調教師は、地方競馬のパドックで人気馬の歩様がおかしいことを発見し、絶対に来ないと踏んで、ほくそ笑んで馬券の対象から外したところ、その馬がブッチぎって勝ってしまったという笑い話をしていました。このような話は数え切れないほどあります。

だからと言って、僕はパドックを見ることそのものを否定したりはしません。どちらかというとその逆で、馬を見るたしかな眼さえあれば、勝ち馬を当てることは難しくとも、パドックで走る馬と走らない馬を見極めることはできると思っています。ただし、それにはひとつだけ条件があって、正しい見方をするということです。僕の知る限り、パドックで正しい見方をしている人は案外少ないです。ほとんど誰も馬を見ていない、と言っても過言ではありません。

それには理由があって、日本の高度に情報化された競馬では、パドックに立って馬を見ている時点で、その馬がこれまでどのようなレースをして、どれぐらい強いのか（または人気しているのか）、調子はどうなのか等を僕たちはあらかじめ知っているからです。人気している馬は強く見え、人気のない馬は弱く見えてしまいます。調子が良いと言われている馬は良く、悪いと言われている馬は悪く見えてしまうのです。本人が意識しているかどうかに関わらず、情報によるバイアスが僕たちの目を曇らせるのです。

元崖っぷちジョッキーこと谷中公一元騎手は、著書『美浦トレセン発ファンが知るべき競馬の仕組み』の中で、パドック解説者についてこう語ります。

「意地の悪い仮定をしてみよう。一切のデータを渡さず、オッズも見せず、パドック解説者に馬の良し悪しを語ってもらったとする。結果はまず間違いなく、滅茶苦茶になると思う。少なくとも僕は、血統や実績を知らないまま、勝ち馬を見抜くことはできない。明らかにダメな馬は分かる。しかし、どの馬が勝つか、ということまではわからない」

僕も谷中氏にほぼ同感です。テレビやラジオでパドック解説をしているような人でも、パドックで馬そのものを見ただけでは、なかなか勝ち負けまでは分からないということです。そして、パドック解説者も決して人気馬ばかりを挙げているつもりはなく、人気だから良く見える馬を挙げているにすぎません。逆説的ではありますが、パドックで推奨した馬同士で決着するということは、パドックを純粋には見ていないのかもしれません。パドックからだけの推奨馬であれば、結果はメチャクチャになることが多いはずです。レースが終わってから、「あの馬は良く見えた」と言う人も同じで、勝ったという情報があるから良く見えたように思えるのです。つまり、僕たちはパドックで歩いている馬を見ているようでいて、実は情報や記号を追っているにすぎないのです。

こうした状況の中で、僕たちのパドックで馬を見る眼が育たないのは当然でしょう。馬を本当に見たことがないのですから、馬を見ることもできないし、正しい見方も分からない。あたかも分かっているふうを装ってみても、実は何も分かっていない。また一方で、超自己流であったりするでしょう。自分では見えているつもりでも、それは錯覚もしくは妄想に近い。正直、もったいないと思うのです。生身のサラブレッドを目の前で見ることは、競馬の原点でもあります。ぜひ僕がこれからお伝えしていくパドックの見方を身につけて、本来の馬を見る感覚を取り戻してほしいと思います。

そして、競馬場もしくは自宅のテレビで、サラブレッドがパドックを歩く姿を見てみてください。

パドックが宝の山に見えるはずです。

第1章　精神状態を見る

パドック遍歴

パドックの見方について話を進める前に、僕のパドック遍歴について書いておくべきでしょう。

おそらくほとんどの競馬ファンがそうするように、パドックを見ることを馬券の中心に据えていた時期が僕にもありました。最初の頃はウインズのモニター中心でしたが、競馬を始めて3、4年経った頃でしょうか、実際のサラブレッドを見て予想がしたくなり、競馬場のパドックに足しげく通い始めました。主戦場は、中央ではなく地方競馬場のパドックでした。

地方競馬（僕の場合は南関東）はいつもどこかで開催されているため、毎日でもパドックに立つことができました。前日に全レースを予想し、その中でも自信のある馬を、当日パドックで実際に見てから買うのです。出走馬をまんべんなく見わたすのではなく、自分の買いたいと思っている馬だけをじっくり見ました。地方競馬のジョッキーが毎日実戦で乗ることによって上手くなるように、僕も川崎、大井、浦和、船橋競馬場と南関東を転戦し、ほぼ毎日のようにパドックを見て、勝負し続けました。僕のパドックの原点は地方競馬にあります。

その頃の成績は良くも悪くもありませんでした。いや、あれだけ真剣に見たにもかかわらず、負けて帰る方が多かったように思います。良く見えた馬が凡走し、それほど良くは見せなかった馬が好走しました。不思議に思った僕は、数々の馬券本を読み漁り、パドックでの馬の見方の知識を貪欲に吸収しました。そして、馬の歩様、踏み込みの深さ、蹄の形、肩の出、トモ（後肢）の張りなど、あらゆる細部にも目を配らせてみましたが、やはり結果は同じでした。偉そうに専門用語を並べることはできるようになったのですが、馬が本当に見えているのかというと自信はありませんでした。もっと正直に言うと、馬の歩様、踏み込みの深さ、蹄の形、肩の出、トモの張りなど、見ても全くもって分からなかったのです。僕には馬を見るセンスがないのかと悔しく思ったものです。

そんな僕にとってのブレイクスルーとなったのは、1年間に及ぶアメリカへの競馬留学でした。詳しい経緯は書きませんが（極めて個人的なことなので）、競馬歴が６年目となる時期に、アメリカのサンフランシスコに渡るという幸運を得ました。サンフランシスコでの生活に慣れるや、ベイメドウズという競馬場に通い始めました。当時はシガーという馬が圧倒的な強さで大レースを勝ち続け、アメリカ競馬の話題の中心となっていました。

最初はアメリカ競馬の全てが新鮮で楽しかったです。アメリカの競馬ファンは、レースがスタートするとすぐに盛り上がり始めます。「Ｇｏ、Ｇｏ！」と道中ずっと声援を送るのです。直線になってようやく声が出始める日本とは大違い。これはアメリカと日本のレースの質の違いを表していると思いました。スタートしてから息をつく暇もなくガンガン飛ばしていくアメリカ競馬と、道中は折り合いをつけることに専念し、直線でヨーイドンになりやすい日本競馬の違いです。

楽しくて仕方なかったアメリカ競馬ですが、馬券の方はひどいありさまでした。ただでさえ日本に比べると情報が少ない中で、英語の専門用語で書かれた競馬新聞を読んでみても、さっぱり分かりません。前走の着順ぐらいしか、予想するための材料はないように思えました。必然的に、少しでも多くの判断材料を求めて、僕の足はパドックへと向かいました。

ベイメドウズ競馬場のパドックは、僕が考えていたパドックとは違いました。馬の装鞍所とパドックが一緒になっていて、次走に出走するにもかかわらず、まだ鞍さえつけていない馬もいます。出走時間が近づいてくると、おもむろに厩務員らしき人が馬を引き始めたと思いきや、1、2周しただけで、あっという間に本馬場へ向けて僕たちの前から去って行ってしまうのです。馬券を買っている競馬ファンに馬を見せようという意識などひとかけらもありません。各馬の馬体の細かいところを見ている時間などないのです。だからか、パドックを熱心に見ようという馬券オヤジもチラホラとしか見かけませんでした。大勢の人々に囲まれたパドックを、サラブレッドがレース前に10分以上にわたって延々と歩かされる日本とは大違い。良く言えば、馬優先主義ということなのでしょう。

これではパドックも予想材料にはならないな、とあきらめようかと思っていた矢先、ひょんなことがきっかけで僕はビリーという男に出会いました。

ビリー・ザ・キッド

アメリカの競馬場は、勝負師たちにとって、パラダイスのような場所です。現地でのレースが終わると、続いてアメリカの他場で行われるレースがテレビで始まり、競馬場は一転してウインズと化します。そのうちナイターで行われる馬車レース（繋駕速歩競走）が始まり、そうこうしていると、なんと香港のレースまで買えたりするのです。楽しい時間はあっという間にすぎていきます。

ある日、競馬に夢中になって、ふと気がつくと、時刻は23時すぎでした。あわてて競馬場から飛び出し、タクシー乗り場を見ると、タクシーの姿は1台たりとも見当たりません。周りを見わたしてみても、近くにホテルなどあるはずもなく、車で迎えに来てくれる友人もいません。アメリカにやって来て間もない僕でも、夜の競馬場周辺に野宿することが、どれほど危険なことかは分かっていました。生まれて初めて、本気で背筋がゾッとした瞬間でした。

真っ白になった頭でようやく思いついたのは、タクシー会社に電話をしてタクシーを呼ぶという方法です。アメリカにやって来て間もない僕の英語力で、タクシーを競馬場まで呼び寄せる自信などなかったのですが、そんなことを言っている場合ではありません。

あたりをキョロキョロと見わたし、ようやく公衆電話を見つけました。ところが、肝心のタクシー会社の電話番号が分かりません。当時の日本みたいに電話帳など置いていないのです。えーい、こうなったら分からないことは人に聞いてみようと覚悟を決め、競馬場の入り口に立ち、意を決して、ぽつりぽつりと出てくる男たちの一人に声を掛けました。

「Excuse me! Could you tell me ~ ?」（すみません、教えてくれませんか？）

僕が話しかけた長身の男は、彫りが深く、ネイティブ・アメリカンの血が混じっているような風貌をしていました。僕の拙い英語を聞き取ってくれたのか、親切にタクシー会社の番号を教えてくれたのです。

礼を述べ、すぐさま公衆電話へ走りました。受話器を取りダイヤルを回してみましたが、どれだけコールを鳴らしても相手は出ませんでした。番号が間違っていたのか、それとも受付が終了していたのか、今でも分かりません。僕は受話器を静かに置きました。悲嘆に暮れて、その場に座り込みました。深夜の競馬場に残っているのは僕だけでした。

そんなとき、僕の目の前で男の声がしました。見上げると、さきほどの男でした。「タクシーは来ないのか？」とかそういうことを聞いていたのでしょうが、僕には聞き取れませんでした。それでも、「車で送って行こうか？」というところだけはなんとなく理解できました。

助かった！　と素直に思ったのですが、すぐさま不安も湧いてきました。あまりにも親切すぎる提案に、もしかしたら法外なお金を取られるのではないか、もしかしたらどこかに連れ去られるのではないか、など悪い想像が広がっていきました。僕の頭の中で脳みそがグルグルと高速回転し、1秒後に出した答えは、

「Please（お願いします）」

祈るような気持ちで、僕は男の車に乗り込みました。沈黙が続き、競馬場から僕の自宅までのおよそ30分は、1時間にも2時間にも感じられました。あまりにも長く感じたので、やはりどこかに連れ去られるのだと思い、何度ドアを開けて飛び降りようとしたことか（笑）。それでも僕は、その男を信じるしか生きる道はなかったのです。

勇気を振り絞って、男に話しかけました。当時アメリカの最強馬であったシガーがどれだけ強いかという話になると、ようやく僕たちは饒舌になり、お互いに気持ちが通じ合った気がしました。

男の名前はビリー、僕はTakaと呼ばれることになりました。

翌日、僕たちは競馬場で再会しました。ビリーの周りにはたくさんの競馬仲間がいて、ビリーは僕を彼らに紹介してくれました。この時点では、ビリーは僕にとって命の恩人にすぎませんでしたが、それから共に競馬場で時間を過ごすうちに、ビリーは競馬の師匠にもなっていきました。彼は馬を見る天才でした。あまり詳しいことは教えてくれなかったのですが、小さい頃から馬に携わる仕事をしていたそうです。競馬仲間は彼のことを、ビリー・ザ・キッドとかけて、"The Kid（競馬の神の子）"と呼んでいました。

そう、実はこの本で僕が書こうと思っているパドックにおける馬の見方は、決して独力で編み出したものではありません。ビリーに教えてもらったことに、僕が少しだけ味付けをしたものです。どれだけ偉そうに書いていても、それはビリーからの受け売り半分だということをまずは記しておきたいと思います。

「パドックでは馬の身体ではなく心を見よ」

ビリーがパドックで「Good」や「Great!」と評した馬は、人気の有無にかかわらず好走しました。

1番人気の馬を切って、人気薄の馬を指名したかと思うと、次のレースでは人気の馬を推したりしました。人気馬はブッチぎりで勝ち、人気薄の馬は大穴を開けることが多かったです。まさに変幻自在で、この人は本当に馬が見えるのだろうなと思わされました。

ビリーは競馬新聞こそ手に持っていましたが、パドックに馬がいるときは、ほとんどパドックしか見ていなかったのです。

驚かされたのは、脚を引きずるように歩いていた馬や太目残りに映る馬を指名して、それらの馬があっさりと勝ってしまったことでした。競馬本で馬体の見方について学んだ僕にとっては、とても走るとは思えない馬たちでした。最初の頃は、どういう基準で選んでいるのか、さっぱり分かりませんでした。もちろん、ビリーの評価した馬が負けることもありました。しかし、明らかに好走する確率が高く、時には大穴を開けたりするので、それほど大金を賭けていたわけではないようでしたが、かなり儲けていたことだけはたしかでした。

僕はプライドをかなぐり捨てて、ビリーに教えを乞いました。

「どうやって馬を見ているのですか?」

「Taka は馬の身体を見ているようだけど、私は馬の身体はほとんど見ていないよ」

「え? じゃあどこを見ているのですか?」


ビリーが何度も繰り返し僕に教えたのは、「パドックでは馬の身体ではなく心を見よ」ということでした。大切なのはこれだけと言っても過言ではありません。少しかじっただけの知識をもって、僕が馬の身体についての質問をすると、「Taka, 身体を見ても分からないよ。心を見なさい」と優しく説いてくれました。

そのときは、ビリーの言葉の真意があまり理解できませんでしたが、今となってはハッキリと分かります。ビリーが伝えたかったことは、パドックという場所で僕たちに分かることは、その馬の競馬(レース)に向かうにあたっての精神状態だということです。気配や雰囲気と言い換えても良いでしょう。

パドックにおいて、馬の仕上がり状態やレースにおける肉体的な適性を正確に見極めることは困難です。鞍を背中に置いてゼッケンをつけ、馬が一旦動き出すと、馬体を見ることは難しくなります。日々馬と接している専門家にとってもそうなのですから、競馬ファンにとってはなおさらでしょう。動いている（歩いたり、走ったりしている）馬を見ることは、僕たちにとって至難の業なのです。

たとえば、人間が衣服を着用した状態で動き回られたら、その人の身体ってどれぐらい分かるでしょうか？　ランニングシャツと短パンぐらいであれば、なんとなくマッチョだなとか、手足が長いなとか、肌艶が良さそうとか推測できますが、あくまでも服の上から身体を透かしてみた想像でしかありません。脱いだら凄いんですっていう人もいるでしょうし、着やせするタイプの人もいるかもしれません。本当にその人の身体をしっかりと見極めたければ、「下着まで全部脱いで、素っ裸になって、僕の前に動かずに立ってもらえますか？」とお願いしなければいけません。おそらく、「この変態野郎！」って言われて平手打ちを食らうでしょうね（笑）。つまり僕が言いたいのは、馬も同じように、鞍を置いて、ゼッケンをつけて、動き出した状態の馬の馬体を正確に見ることは案外難しいということです。

それでは、どうするかというと、馬が発する心のメッセージを読み取ることです。人間と同様に、いやそれ以上に、サラブレッドの身体と心はつながっています。馬は正直です。体調や仕上がりが良ければ、馬は落ち着いて集中した精神状態になります。その逆もまた然り。馬の精神状態を見極めることが、実は体調や仕上がりを知ることにもなるのです。「今、この馬はどういう精神状態にあるのだろうか?」と考えることが、パドックの正しい見方なのです。

リズム良く、スムーズに歩く

ここから先は、具体的なパドックの見方について語っていきたいと思います。パドックでは馬の精神状態を見極めることが重要である以上、言葉を話すことのできない馬がその身体を通して語りかけてくる心のメッセージを読み取らなければいけません。

まずは歩くリズムとスムーズさです。リズム良く、スムーズに歩けている馬は、間違いなく好調だと考えて良いです。リズム良く、スムーズにとは、手綱を引く必要がほとんどないことに近いです。ナリタブライアンは指一本を乗せているだけで引くことができたと言われていますが、これが意外に難しく、僕の感覚ですと、リズム良く、スムーズに歩けている馬はほとんどいません。厩務員や調教助手が傍らについて、手綱を引きながら周回しているからこそ、ようやくパドックを回っていられるのです。もし手綱を放してしまえば、どこに行ってしまうか分からない馬がほとんどでしょう。もっとも、馬にとってパドックは非日常的な空間なので、落ち着いて歩けというのが無理な話なのですが、それでも精神状態が良い馬ほど、まるで鼻歌を歌うように平常心で歩くことができます。

パドックでは馬の精神状態を見ると書きましたが、もうひとつ付け加えておくと、パドックではその馬の性格も知ることができます。大人しい性格、幼い性格、素直な性格、臆病な性格、激しい性格、のんびりした性格、せっかちな性格などなど。年齢や精神状態に応じて変化することはあっても、その馬の基本的な性格は大きく変わることはありません。前もって情報のない馬同士のレースを予想したり、初めて競馬場に行って競馬を楽しむときに、パドックを見ることが欠かせない理由がここにあります。競馬新聞には書いていない馬の性格をパドックでは知ることができるのです。

「入れ込み」と「気合乗りが良い」はベクトルが違う

リズム良く、スムーズに歩くのと対照的な状態は、「入れ込み」です。一般的に、「入れ込む」とはレースに対して気持ちが入りすぎて、周りが見えないことを指します。だからこそ、「気合乗りが良い」と「入れ込み」は区別が難しいと思われてしまいます。どちらもレースに対して気持ちが向いている状態で、それが自分でコントロールできていれば「気合乗りが良い」、できていなければ「入れ込んでいる」とされるのです。「入れ込んでいる」にもかかわらず、「気合乗りが良い」と評価されたり、その逆も然り。そのような例は枚挙に暇がありません。

実際のところ、「入れ込み」と「気合乗りが良い」はベクトルが全く違います。「入れ込み」は馬が目前に迫ったレースから逃げようとしている状態なのに対し、「気合乗りが良い」はレースに向けて闘争心を滾（たぎ）らしている状態です。つまり、馬の精神状態が全く違うということです。

サラブレッドはレースの苦しさを知っています。記憶力が抜群に良く（特に嫌な記憶に関しては）、ほんの些細なことでも永遠に覚えていると言われます。ましてやレースに行って、極限まで全速力で走り続けさせられる競馬に対し、プラスの感情を持っている馬は限りなく少ないでしょう。調教が強くなってくれば、レースが近いことを察し、普段から入れ込みがきつくなる馬もいます。いつもと違う場所に連れて行かれ、大勢の人間の前で長時間歩かせられれば、入れ込まない方がおかしいのかもしれません。

それでもあえて、なぜ馬が「入れ込む」のかというと、レースに向けての準備ができていないからです。肉体的には、休み明けで体がきっちりでき上がっていなかったり、使い込まれていて余力が残っていない。また、精神的にはレースに飽きてしまっている、逆に実戦から遠ざかって久々である等など、どこか苦しいところがあるからです。誰よりも馬自身が、自分がこのままレースで走れば苦しいことになる、とよく知っているからです。「入れ込み」の原因はその馬の性格であることも多いのですが、基本的には体調が良くないときほど「入れ込み」はきついと考えて良いです。今これから行われようとしている苦しいレースから、一刻も早く、とにかく逃げ出したいと思って「入れ込む」のです。

慣れない環境がゆえに入れ込む馬もいます。キングヘイローを管理した坂口正大元調教師は、こう語ります。

「（キングヘイローは）パドックで特に変わったしぐさをみせる馬ではありません。どっしりとしていますよ。ただ弥生賞のときだけは装鞍所からうるさかったですね。やはり初めての環境ということもあったのでしょう。それがレースへ影響したかどうかは分かりませんが、不本意なレースであったのは確かです」

（「優駿」１９９８年10月号　関係者が好不調の目安を教える　秋のＧ１有力馬　パドック・返し馬の特徴より）

キングヘイローはデビューから3連勝して、ラジオたんぱ杯3歳ステークスで2着に敗れて休養に入り、明け4歳（現表記3歳）になっての初戦が弥生賞でした。休み明けに加え、初めての中山競馬場ということもあり、パドックでは入れ込んで、うるさい仕草を見せていました。ただ単に初めての場所ということだけではなく、複合的な要因が重なって入れ込んだのだと思います。いずれにしても、今この場所から逃げ出したいという気持ちであったことはたしかです。

「入れ込んだ」状態は、あらゆる要素から見極めることができますが、歩くリズムとスムーズさはそのひとつです。リズム良く、スムーズに歩けていない、つまり、歩いては止まり、また急にチャカチャカと歩き出したり、立ち上がったりして、手綱を放すとどこへ行ってしまうか分からない馬は、間違いなく「入れ込んで」いるということです。鼻歌を歌うとは縁遠い、我を忘れてしまうほど興奮してしまっている様子です。

馬の精神状態はレースごとに変わる

パドックでは馬の精神状態を主に見るという話をすると、それってレースごとに違うものですか？　という素朴な質問を受けることがあります。Aという馬はパドックではいつも入れ込んでいて、Bという馬はいつも大人しい。それでも好走したり凡走しているだけで、1頭の馬を縦軸で（時系列的に）見てみると、大きな変化はないのでは？　それで結果が出たり出なかったりしているのであれば、それはパドックにおける精神状態はレースの結果と無関係なのでは、という問いです。

たしかに、パドックにおける精神状態がほとんど変わらない馬もいます。苦しいことがあっても我慢してしまうタイプというか、自分の気持ちをあまり外に出さない内向的な性格の馬です。また、精神状態が比較的安定しているため、微妙な違いしかなく、見てすぐに分かるレベルの差異がない馬もいます。前者は我慢強いばかりにいきなり凡走してしまうことがありますし、後者は安定してレースで力を発揮します。一定数、このようなパドックで見極めが難しいタイプの馬がいることは間違いありません。

ただ、ほとんどの馬たちは調子の波がそのまま精神状態として表れてきます。馬は人間と違って、表面を取り繕ったり、愛想笑いをしたり、怪我を隠して走ることを美徳としたりしませんので、しっかりと観察してあげると分かるようなサインを出してくれています。ですから、先の問いに答えるとすれば、「馬の精神状態はレースごとに変わる」ということです。それを見抜けるかどうかは人間次第ということでしょうか。その馬のパドックを何度も見ていると、小さな違いや変化に気づけるようになるはずですし、たとえ初見でも小さなサインにも気づけるようになりたいものです。

2023年の日本ダービーを勝ったタスティエーラについて、元ノーザンファームの場長であり、現・有限会社キャロットファームの代表取締役を務める秋田博章氏はこう語っています。

「タスティエーラは皐月賞2着からの臨戦でしたが、最終追い切りの動きや当日のパドックの気配から、状態が上向いていることが確認できました。（中略）ダービーまでのローテは昨今の有力馬としては異例であり、それが皐月賞のパドックでの発汗や、落ち着かない様子となって現れていました」

（「ＥＣＬＩＰＳＥ」２０２３年7月号より）

タスティエーラは2戦目の共同通信杯で4着に敗れてしまったことで、賞金を加算することができず、皐月賞の前に弥生賞ディープインパクト記念を挟むことになりました。本来であれば、共同通信杯で最低2着は確保して、そのまま直行で皐月賞に臨む形が理想でしたが、一戦余計にレースを使わざるを得なかったのです。弥生賞ディープインパクト記念は快勝して皐月賞への権利は手に入れたのですが、押せ押せのローテーションになってしまったことで、皐月賞のパドックでは発汗して、落ち着かない様子を見せていたそうです。早めに抜け出したもののソールオリエンスに差されて2着と、最高の結果を出すことはできませんでした。ところが、皐月賞から間隔が開いたことで、中間の調整も上手く進み、日本ダービーのパドックでは落ち着いた精神状態で堂々と周回を重ねることができたとのこと。このように、特にキャリアの浅い若駒の場合、１戦ごとに体調のアップダウンも激しく、それがパドックでの精神状態に表れてしまう馬が多いのです。

また、このコメントから読み取れることは、秋田氏もパドックでは落ち着きや発汗という馬の雰囲気を見ているということです。タスティエーラの馬体に関する言及は一切ないように、馬体うんぬんではなく、心のありようを観察しているのです。パドックで落ち着いた精神状態で歩けているということは、中間の調整過程が上手くいったことの証であり、その逆も然りということです。

いつも入れ込んでいる馬の扱い

パドックではいつも入れ込んでいるにもかかわらず、レースに行くと走って勝ってしまう馬もいます。そういう馬は絶対的な能力が高かったり、そのクラスでは力が抜けているからそう見えるのであって、基本的にパドックで必要以上に入れ込むのはマイナスでしかないと僕は考えています。パドックまではリラックスして歩けて、レースに行く途中で気合が入り、レース中は闘争心を燃やして走るのがサラブレッドの精神状態の理想です。パドックで入れ込んでいる馬は、余計なところで体力を消耗しているのであって、プラスに働く要素は全くありません。そういう前提に立って考えると、いつも入れ込んでいる馬は、常に凡走のリスクを抱えているということになります。

1998年のオークスを制したエリモエクセルは、パドックでは常に入れ込みがちな馬でした。彼女に携わった夏村洋一調教助手はこう語っています。

「エリモエクセルのパドックを一度でも見たことがある人なら分かってもらえると思いますが、デビューのときからずっと同じ感じです。激しくイレ込む姿はもう、デビューのころから変わっていません。この馬の性格ですからね。仕方がありません。これでもまだ落ち着きが出てきた方だと思いますよ。

パドックではずっと二人引きですね。闘志をむき出しにするのがこの馬です。なにせ装鞍所へも入れられないほどなんですから。周辺を歩かせているうちにイライラは取れてきますけどね。でも、たしかにパドックでの見た目は悪いかもしれませんが、こういう馬は逆に落ち着いたりしたら走らないケースがよくありますからね。これでいいんだと思っています」

（「優駿」1998年10月号　関係者が好不調の目安を教える　秋のG1有力馬　パドック・返し馬の特徴より）

この馬の性格ですから仕方ありません、と夏村調教助手があきらめているように、馬の気性やそれに伴う行動を人間が変えることは難しいのです。陣営としては極力パドックで消耗しないように持っていきたい気持ちはあっても、どうしようもない部分が多いということですね。逆に普段は入れ込んでいる馬が落ち着いて歩いていると、元気がなかったり、どこか悪いところがあるのではと心配になるはずです。ただ、パドックを見る僕たちとしては、パドックで入れ込んでいる馬は基本的に好走しにくく、成績にもムラが出てしまうため、よほど力が抜けている馬でない限り、馬券を積極的に買うのは控えた方が得策です。

最近の馬でいうと、ジャックドールの入れ込みについて、「週刊Ｇａｌｌｏｐ」誌の拙コラム「超・馬券のヒント」に書いたことがあります。ちなみに、このコラムはジャックドールが5着に敗れた２０２２年の大阪杯の前に書かれたものです。長くなりますが、自分の文章でもありますので、遠慮なく引用させていただきます（笑）。

「（２０２２年の）金鯱賞のパドックにおけるジャックドールの姿を見たとき、今回はギリギリ持つかもしれないが、次は危ういなと私は感じた。なぜかというと、二人引きするほどチャカついており、口元だけではなく、股のところにも泡状の発汗が目立っていたからである。レース前の段階からこれほど入れ込んでいるということは、ジャックドールは精神的に追い詰められていると感じた。肉体的にも精神的にも張り詰めて、ここまで勝ち続けてきたのだろう。

私の当面の心配は杞憂に終わり、ジャックドールは金鯱賞を逃げてレコードタイムで圧勝した。非の打ちどころのない走りであったが、パドックでジャックドールが出していた苦しいというサインを私は忘れない。改めてジャックドールの過去のパドックを見返してみた。

5連勝のうちの最初の勝利となった3歳以上1勝クラスでは、一人引きで比較的ゆったりと歩けていたが、股には若干の泡状の発汗が見られた。浜名湖特別では、ややチャカついて、発汗も少し見られるが、一人引きできる程度の入れ込み。ウェルカムステークスと白富士ステークスでは、落ち着いて歩けていて、発汗もほとんど見られない。ところが、金鯱賞では前述のとおりである。二人引きは金鯱賞だけであり、発汗も最も目立っていた。

（中略）

私たちが見て明らかに異常とも思えるほどの汗をパドックで流している馬は、疑ってかかるべきである。きちんと仕上げても、馬の精神状態が優れなければ、レースでは勝てないのである。金鯱賞におけるジャックドールの発汗は異常というレベルではないが、過去4走のパドックと比べて最も精神的なストレスが見えるのは私だけだろうか。並みの馬では5連勝することはできないので、ジャックドールの能力の高さは疑うべくもないが、そろそろ疲れが表出してしまう時期が来ているのではないか。メンバーレベルが一気に上がる大阪杯は、ジャックドールにとって厳しいレースになるだろう」

ジャックドールのパドックを時系列的に見て、いつも入れ込んでいる中でも小さな違いがあることに気づきました。勝ち続けるにつれて、メンバーも上がり、負けられないという人間のプレッシャーが馬にも伝わり、ジャックドールは精神的に追い詰められていたのです。金鯱賞のパドックは明らかにサインを出している状態でした。そんな精神状態でも重賞を勝ってしまうのですから、ジャックドールの絶対能力の高さが分かります。さすがに2022年の大阪杯では踏ん張りがきかず、ジャックドールは敗れてしまいました。

裏話をすると、このコラムを読んだ読者の方から、オカルトみたいなコラムと批判されました（笑）。さすがに４００回近く馬券のヒントについてコラムを書いているとネタも切れてしまいがちですし、実用性に欠ける内容を書いてしまったのかと最初は反省しましたが、冷静になって考えてみると、おそらく彼はジャックドールのファンであり、ジャックドールが大阪杯で負けるかもという主旨の内容に対してオカルトという言葉を使って反論したのだと思うようになりました。

彼にとっては、パドックにおける精神状態から予想する僕のコラムはオカルトに思えたのでしょう。ジャックドールの精神状態など、お前に分かるのかという気持ちはよく分かります。正直に言うと、ジャックドールの精神状態は、本人に聞いてみたわけではなく、あくまでも想像でしかありません。ジャックドールの敗因は展開かもしれませんし、単に能力の壁にぶつかっただけかもしれません。それでも僕は、馬には気持ちや感情があると思っていますし、人間よりも正直にサインを送ってくれていると信じています。そのサインを僕たち競馬ファンが読み取ることができる場がパドックなのではないでしょうか。彼にもこの機会に、ジャックドールは走るマシーンではなく、感情や気持ちのアップダウンのある生き物であることを感じてもらえたのでは、と僕はひそかに思っています。

ちなみに、翌2023年大阪杯のジャックドールのパドックは素晴らしいものでした。一人引きの厩務員（もしくは調教助手）を自ら引っ張るように、全身を柔らかく使いながら、リズム良くスムーズに歩いていました。発汗は全く見られません。ひとつ前を歩くラーグルフが首を上下に激しく動かしながら、入れ込み気味になっているのとは対照的でした。このパドックを見たとき、僕はジャックドールの好走を確信しました。「香港当時と異なっていたのは、パドック、返し馬、ゲート裏でも落ち着いていたところです」と武豊騎手も語っています（「優駿」2023年8月号）。肉体的にも精神的にも理想的に映るパドックの一例として、ぜひご覧になってみてください。

きちんと歩くこと

馬を歩かせることを常歩（なみあし）と言います。常歩は意識して歩くことなので、馬はこれが好きではありません。しかし、しっかり常歩ができるようになると、馬は勝手な行動をしなくなり、人間の指示に素直に従うようになります。それによって、人も馬もより安全になるだけではなく、レースに行ってもジョッキーの合図にきちんと応えて走れる馬になるのです。

日本を代表するトレーナーであった藤沢和雄元調教師は、著書「競走馬私論」の中で、きちんと歩くことについて以下のように書いています。

「競走馬にとって『きちんと歩く』ことは非常に大切である。脚を引きずってデレデレ歩くのではなく、きちんと脚を上げてリズミカルに歩く。馬にもそういう歩き方をさせるのである。

これは普通の歩き方ではないから、馬に『歩く』という意識、あるいは緊張感が必要である。人に引かれて歩くときは常にそういう歩き方をするのだとしつけておくと、馬は精神的に強くなる。我慢が効くようになると言ってもよい。しかも、こうして歩いているときは、馬がそれに意識を集中しているので、急に暴れたりすることがない。

（中略）

競馬場のパドックでは、厩務員が出走馬を引いて歩く。このとき人馬ともに『きちんと歩いているか』を見るとよい。素質の高い馬で人気になっていても、きちんと歩いていない場合には、レースで気の悪さを出して—ということが起きたりする。きちんと歩けない馬はきちんと走れないのである」

理想的な歩き方としては、首を上手に使いながら、身体全体を柔らかく使って歩き、歩くことに気持ちを集中していること。これが意外と難しく、急に首を上げてみたり、小足を使ってチャカついてみたり、あたりをキョロキョロと見回してみたりと、オープンクラスの馬でもきちんと歩けない馬もいます。もちろん、上のクラスの馬ほどきちんと歩けますし、古馬の方が若馬よりもきちんと歩けます。つまり、きちんと歩けるということは、精神面を含めたその馬の競走馬としての資質をストレートに表しているということです。

ましてや、パドックで順番に歩けない馬などは論外です。パドックでは出走番号順に登場し、周回を重ね、そして番号順に退場していきます。1番の馬の次は2番の馬で、その次は3番の馬です。そのように歩く決まりなのです。しかし、たまに1番、2番、4番というように、3番の馬が番号順の周回から外れてしまっていることがあります。どこに行ってしまったのかと見回すと、いちばん後ろにポツンと付いて回っていたりします。他馬が後ろや前にいることを気にするのでしょうか、それとも人間の言うことに従わないのでしょうか。いかなる理由があろうとも、この3番の馬はきちんと歩くことができない馬です。このようにきちんと歩けない馬は、レースでもなかなか勝てません。

だからこそ、自分が馬券をすでに買った馬がパドックできちんと順番に歩けていない姿を見ると、非常にがっかりしてしまいます。この時点で、すでにハズレに確定の赤ランプが灯ったようなものです。このような馬が好走した記憶はほぼありませんし、案の定、凡走してしまったというケースがほとんどです。つまり、きちんと歩けないということは、それだけで馬券の対象から消す十分な根拠となりうるのです。

これは余談ですが、パドックの外側や内側を歩かせることで順番を調節することもあります。気合乗りが良く、前進意欲に満ち、踏み込みがしっかりとしている馬であれば、自然とパドックで歩くスピードは速くなります。パドックでは順番に歩かなければならないため、歩くスピードの速い馬はなるべくパドックの外側を歩き、遅い馬はパドックの内側を歩くことで調整することができます。同じ馬であっても、調子が良いときはパドックの外側を歩いていますが、疲れが出て調子が悪くなってくると内側を歩くことがあるのです。パドックのどこを歩いているかで調子を判断することもできるのではないでしょうか（もちろん、各馬によって歩幅の違いもあるので、歩くのが速い＝調子が良いとは限りません）。

安田記念やジャック・ル・マロワ賞などのＧ１を制覇したタイキシャトルについて、歩くのが速かったと藤沢和雄元調教師は語りました。

「この馬（タイキシャトル）は普段から、普通の馬よりもちょっと歩くスピードが速いんです。速く歩きたがるタイプの馬。京王杯スプリングカップのときはたまたま１番枠で前に馬がいなくてスムーズに歩いていましたけれど、安田記念のときは前にアライドフォーシズがいて、あの馬はわりとゆっくり歩くタイプの馬だったんですね。それで少しイラついているようにも見えました」

（「優駿」１９９８年10月号　関係者が好不調の目安を教える　秋のＧ１有力馬　パドック・返し馬の特徴より）

踏み込みの深さから分かるのは距離適性？

パドックでよく言われる、「後肢の踏み込みがいいから、この馬は調子がいいですね～」という馬の見方があります。踏み込みの深い馬＝調子の良い馬という等式は、かなり昔から、まるで定説のように信じられてきました。

踏み込みの深さは、馬の後肢をメトロノームのように見てもらうと分かりやすいです。同じテンポで、後ろに蹴った幅と同じ幅で前に踏み込みます。その幅が広ければ広いほど、踏み込みが深いということになります。手脚が長い馬の方が踏み込みは深いと思われるかもしれませんが、そうでもありません。手脚が長くても、手先だけでチョコマカと歩いて、意外と踏み込みが浅い馬も多くいるのです。

なぜ踏み込みが深い方が調子は良いかというと、馬の前進意欲と可動域の広さを表しているからです。前へ前へ進もうとする気持ちが強いと、自然と踏み込みは深くなります。体調が優れない馬はトボトボと歩きますので、踏み込みが深く映ることはありません。また、踏み込みが深いということは、しっかりと後ろに蹴れていることでもあり、後肢の可動域の広さはフットワークの大きさにつながります。つまり、踏み込みが深いということは、精神的にも肉体的にも前に進む準備ができていることを示しているのです。

ただし、踏み込みが深すぎるのは問題です。踏み込むときに、いかにも力が入っているように見える馬は、興奮しているだけで、かえって良くないのではないかと思います。G1レースに出てくるような馬を見てもらっても、それほど力強くは映らないのではないでしょうか。踏み込みが深すぎる馬は、ただ単に気持ちが空回りしている場合も多いです。レースに対する気持ちが強すぎて、体に力が入りすぎてギクシャクしていると考えてもらえば分かりやすいのではないでしょうか。グッ、グッと前に進むので、一見、リズム良く歩けているように映りますが、スムーズとは言いがたい。流れるように歩くのではなく、上下動が激しい歩き方になります。このような歩き方をするのは短距離馬に多く、その力みが前向きさにつながり好走することも稀にありますが、ほとんどはレースに行くと力を出せずに凡走してしまいます。その踏み込みは前向きな気持ちから来たものか、それとも焦りや力みから来たものか、馬全体の動きや仕草から判断するべきですね。深い踏み込みは好感が持てるのですが、力みを感じさせる、深すぎる踏み込みはあまり良くないということです。

「パドックでは馬はみな興奮していますから、ふだんよりも脚は大きく出るものなんです。踏み込みのときにいかにも力が入っているように見えるような馬は、かえってよくないいんじゃないでしょうか。強い馬というのは、それほど力強くは見えないですね」

（「優駿」１９９８年10月号　野平祐二調教師が詳細を解説「パドックのここを見ろ！」より）

僕の尊敬するミスター競馬と呼ばれた野平祐二氏の、パドックにおける馬の興奮状態に対する弁です。実はビリーも同じようなことを言っていました。パドックであまり力強く見えるような馬はかえって危険であると。気が弱いからこそ、力強く見えすぎる。本当に強い馬は、それを表に出さずに抑えることができるのです。

飛節の角度が大きい（曲飛の）馬は、一見、踏み込みも深く見えるので注意が必要です。前述したように、メトロノームを意識して見てみてください。踏み込みは深く見えても、実は後ろへの蹴り出しの幅が狭い馬はこのタイプです。前後にバランス良く、深く踏み込んで、しっかりと後ろに蹴れているかどうかを見極めてみてください。

もうひとつ付け加えておくと、踏み込みの深さは、距離適性とも密接な関係にあります。スプリンターは前肢よりも後肢が発達しているので、後肢を深く踏み込み、一完歩一完歩に力を使いながら歩きます。これで全力疾走すれば、短距離はなんとかもっても、距離が長くなってしまうとスタミナが続かないということになるのです。それに対して、ステイヤーの踏み込みは、後肢が深くなくても、リズミカルに踏み出され、返しもスムーズで無理がない歩き方をします。このように、スプリンターとステイヤーでは、踏み込みの深さや力強さが異なるのです。

つまり、踏み込みの深さから分かるのは、調子の良さや前進気勢であると同時に、距離適性なのです。もし短距離戦のパドックで踏み込みが深く力強い馬を見つけたら、スプリンターの資質が表れているということで狙ってみても面白いでしょう。しかし逆に、もし長距離戦のパドックでそういう馬が歩いていたら、道中で引っ掛かってしまう、もしくは最後の直線でスタミナ切れを引き起こしてしまうのではないかという心配をした方がいいです。

前躯の柔らかさ・硬さ

後肢の踏み込みに比べて、前肢の動きは見過ごされがちです。もっとも馬の動きは後肢が踏み込むことによってスタートしますので、あくまでも前肢はそれを受け止める形になります。後肢が主で前肢は従ということですね。前肢の受け止めが上手く行かなければ、せっかく後肢で深く力強く踏み込んだとしても、前進する力につながりません。前肢の動きで見るべきポイントは柔らかさであり、滑らかさです。

後躯よりも前躯の方が大事だと語ったのは野平祐二氏です。

「私は前脚が綺麗に出ている馬が好きですし、そういう馬がいいと思います。乗っている人間の立場からすると、前のしっかりしている馬の方がいいんです。前が窮屈だったり硬かったりする馬はうまくないですね。（中略）ただ、脚の出が柔らかいかどうかの判断は難しくて、見て分かるものではないんです。これは乗ってみなければ分からないですね」

（「優駿」1998年10月号　野平祐二調教師が詳細を解説「パドックのここを見ろ！」より）

野平祐二氏に「乗ってみなければ分からない」と言われてしまうと元も子もありませんが、それぐらい前脚（前肢）の出に関する判断は難しいことはたしかです。よく「前肢の出が悪い」とか「コトコトしている」などとパドックで評されている馬がいますが、かなり主観的だと思うことがあります。「それってあなたの感想ですよね？」と論破されてしまいそうです（笑）。ですから、僕はよほど前肢の動きが硬かったり、滑らかさに欠ける馬でなければ前肢の出に関しては言及しないことにしています。

元社台ファームの獣医師であり、現大狩部牧場の代表を務める下村優樹氏は、サラブレッドの肉体構造と前肢の振り幅の関係についてこう述べています。

「これは私の考えですが、首が短く太く、肩が立っている馬は前駆をコズミやすいのです。馬が走るとき、後肢は推進力であり、前肢は方向性を決めたり、体のバランスを取る役割を担っています。後からの推進力を前で受け止めながら、勢いを少しでも損なうことなく身体を前方へ進めるという構造です。前肢を前に進めるときには頭と首を使うのですが、筋肉は最大時で全長の3分の1まで収縮すると言われています。首の筋肉が収縮することによって肩が引っ張られて前肢を前方に推進させるのを助けます。そういった肉体的な構造を考えると、前肢を適切に前に出すには、ある程度の首の長さが必要になってきます。

首が短いと収縮も少なくなりますので、肩もあまり前に出なくなり、振り幅も小さくなります。同じ距離を走るにも、何度も足を出して回転させなければならず、その分、疲労度も高くなるはずです」

（「馬体は語る」下村優樹氏インタビューより）

ひと昔前は、トモや背中などの後躯を痛めたり、炎症を起こしたりする馬が多かったのですが、最近は肩周辺などの前躯をコズむ（拘縮する）馬が増えてきている傾向があるともおっしゃっていました。その理由のひとつとして、日本のサラブレッドの肉体的構造が変化してきていることが挙げられます。日本競馬のスピード化の流れに伴い、スピードのある種牡馬や繁殖牝馬が導入され、前躯の筋肉量が増し、首が短く、肩が立っている馬体構造の馬が増えたことで、前躯を痛めたり、コズみやすくなっているのです。

それらを踏まえて、前回のパドックと比べてよほどぎこちなく映る馬でなければ、前肢の硬さや滑らかさに欠けるように見えることは、それほど気にしなくて良いでしょう。それは現代サラブレッドの宿命でもあるのです。スピードを追い求めた結果として、肉体構造が変化し、前躯をコズみやすくなったのです。しっかりと歩いているうちに柔らかくなってくることもありますし、返し馬でゆったり走らせているうちにほぐれてくることもあります。慢性的なものであれば、競走馬として走っている間は付き合っていくしかありませんね。

もちろん、前肢と後肢は別々なものではなく連動しています。桜花賞3着、オークス2着、秋華賞3着と惜しくもG1レースを勝ち切れなかったエアデジャヴーを管理した伊藤正徳元調教師は、彼女のパドックの歩き方をこう評しました。

「闘争心が表に出すぎると前に進もうという気持ちが強すぎて、歩くときのバランスも崩れてしまうもの。しかしこの馬はとても綺麗な歩き方をします。トモの踏み込みが非常に力強く、その結果、前のさばきも軽やかで伸びるような歩き方をする。前が伸びるということは後ろがしっかりと入ってくるから伸びるわけで、一般的にトモの踏み込みがしっかりしていないと、歩き方も綺麗には見えないものですよ。

綺麗な歩き方ということでは馬体の柔らかさも重要な条件になります。ノーザンテーストの産駒には比較的硬いタイプが多いものですが、その意味でこの馬はノーザンらしくない、とても柔らかい馬体をしています。〝流れるように歩く〟という表現をよく使いますけれども、歩いているときにギクシャクしない。少し離れたところから見ていて、ガックン、ガックンしているような馬は硬い馬なんです。歩くときに重心の位置が変わらない馬は非常に柔らかい馬といえ、この馬はまさにそう。実に流動感のある歩き方をします」

（「優駿」１９９８年10月号　関係者が好不調の目安を教える　秋のＧ１有力馬　パドック・返し馬の特徴より）

四肢は連動しているため、前後左右のバランスが崩れてしまうと、スムーズに歩くことはできません。後肢の踏み込みがしっかりとしているから、前のさばきも軽やかで伸びやかになります。そして、パドックでの歩き方が、いかに馬の精神状態とつながっているかもお分かりいただけるでしょう。肉体だけではなく、気持ちのバランスも取れているからこそ、綺麗に歩くことができるのです。馬体の柔らかさについては、後ほど説明したいと思います。

背中（トップライン）

馬の歩きの見方の応用編として、背中（トップライン）を紹介しておきます。サラブレッドの動きを解析すると、後肢を踏み込んで、前肢をついて、首を使って歩く（もしくは走る）というエネルギーの流れになります。後肢から前肢へのエネルギーは馬の背中（トップライン）を伝わってゆくものです。このエネルギーの流れがスムーズかどうかを見るということです。

正直に言うと、この背中（トップライン）の動きを言葉で説明することは難しく、僕自身も分かっているようで分かっていない、見えたり見えなかったりします。極めて主観的とも言えるのですが、その分、背中を通したエネルギーの流れが見えたときの嬉しさは半端ではありません。「〇〇（馬の名前）、半端ないって！」と叫びたくなります（笑）。背中（トップライン）の良さについて、国際ウマ専門獣医師殿堂入りを果たした青木修氏はこう語っています。

「皐月賞のパドックに目を戻そう。アンライバルドのトップラインの動きだ。とにかく〝しなやか〟。ただ柔らかいだけではない。背骨の動きに〈波動〉とも言える〝しなり〟がみえる。それも、〝うねり〟のように、後ろから前方に向かって伝わる。たとえば、こう考えて欲しい。床にまっすぐに伸ばして置いたロープを思い浮かべよう。ロープの一端を握り、上下に強く振る。そのとき、ロープにできた〝たわみ〟を前方に押し出すようにしよう。するとロープの〝たわみ〟は波動となって順次、前方へと移動していく。いわば波のエネルギーの伝わり方だ。そんな動きが私には、アンライバルドの背に見えた。後ろ肢の作る推進エネルギーが背骨を通り、前駆に送り出されているようだ。それは馬術でいえば〝スルー（through）〟と呼ばれる動きに近いだろう。まさにパワーの伝達路としての動きだ」

（「競走馬の心技体　第68回」週刊競馬ブックより）

青木氏はアンライバルドの皐月賞のパドックを取り上げて、背骨の動きに〈波動〉とも言える〝しなり〟や〝うねり〟が見えたと語っています。全身の動きが連動して、後肢から前肢へと伝わるエネルギーがスムーズに流れていることを〝しなり〟や〝うねり〟と表現しているのでしょう。

岡田スタッドの岡田牧雄氏は、背中が使えている馬についてこう表現します。

「馬が歩く姿を横から見て、背中が使えているかどうかは大きなポイントです。後躯の蹴る力は強いのに、背中が使えないために、推進力に変えられない馬は案外多いです。背中が使える馬というのは、リズムが良く、ギュンギュンと背中が波を打つように、一連の動作がスムーズに流れるように歩けるということです。動きがカクカクしていたり、上方向に力が流れてしまうのではなく、地面と平行に前方へ波打つように駆動しなければならないのです。このことを分かっている人は非常に少ないです。相当な数の名馬を見なければ分かるようにならないと思いますよ」

（「馬体は語る」岡田牧雄氏インタビューより）

岡田牧雄氏は僕が先ほど説明したことを補足してくださっています。歩いているとき、背中（トップライン）に〝しなり〟や〝うねり〟といった波のようなものが見えるということは、その馬が背中を上手く使えて歩けていることを意味するのです。上下左右に逃げてしまうのではなく、地面と平行に、後ろから前へ、エネルギーがきっちりと伝わっているということです。岡田さんのおっしゃるように、この背中の良さをパドックで数周観ただけで見極められる人は少ないと思いますが、たくさんの名馬たちを見ることで目を養っていきたいものです。

連動性

背中のしなりやうねりと言っても、なかなか見極めるのが難しいという方のために、僕は「連動性」という言葉を使っています。トップラインにしなりやうねりが見えることはほとんどなくても、馬の動きに連動性があるかどうかを見るとなると、少しハードルが下がるのではないでしょうか。ほぼ同じことを言っているのですが、全身の動きが連動して、後躯から前躯へとエネルギーがスムーズに流れているということです。

サラブレッドの走る動作を考えたとき、後肢を踏んで、前肢をついて、首を振って、ハミまで伝わるというエネルギーの流れがあります。これは歩く動作も同じ。この一連のエネルギーの流れが、どこか途中で止まってしまったり、逃げてしまっているように感じる歩き方の馬は、連動性がないということです。カクカクしているように映る馬もいれば、上にエネルギーが逃げているように映る馬もいれば、そもそもエネルギーがどこかで抜けてしまって前から後ろに伝わっていないように映る馬もいます。

連動性がないと感じられる理由としては、「踏み込みが浅い」、「筋力が弱い」、「緩い」、「太い」、「硬い」、「首が上手く使えていない」、「ハミ受けが悪い」などが考えられます。それぞれが大切な要素です。簡単に説明していきましょう。

「踏み込みが浅い」とは、先ほど話した「踏み込みの深さ」の反対です。馬は前に行こうとするとき、まずは後肢を踏み込むことから始めます。その踏み込む力が弱かったり、浅くしか踏み込めなかったりすると、そもそもの前に進む力が弱いということです。前述したように、あくまでもパドックですからそこまで力強く深く踏み込む必要はありませんが、それでも踏み込みが浅すぎたり、弱くてエネルギーがほとんど前に移動していないと映るような動きはダメということです。

「筋力が弱い」とは、文字通り、馬体に筋肉があまりついておらず、筋力不足で前に進むエネルギーが足りないさまです。パドックを歩くぐらいのスピードであれば頑張ってついて行けても、レースになってスピードが上がると途端について行けなくなりそうなぐらい、そもそもアスリートとしての体にまだ成りきっていない馬が該当します。

「緩い」とはまさに連動性がないことと同義です。馬体の緩さの定義としては様々な解釈があることはたしかですが、主に筋力不足による緩さと関節（サスペンション部分）の緩さがあり、それらの総称として緩いという便利であいまいな言葉が使われています。ここで言う緩いも同様に、ざっくりと筋力の弱さと関節（サスペンション部分）の弱さを主な原因とする馬体全体の動きの連動性のなさを意味します。

「太い」とは、鍛え上げられた筋肉の量に比べて余計な部分が多いため、前に進むエネルギーが阻害されていることです。十分な筋力があり、関節（サスペンション部分）の連動性があっても、馬体全体が重苦しいことによって、エネルギーがスムーズに前に移行しないのです。

「硬い」こともエネルギーのスムーズな移行を妨げます。カクカクというかギクシャクというか、そのような擬態語で表現される動きは、筋肉と関節部分の硬さが原因になっていることが多いです。これは生まれつきのものであり、なかなか改善することはありませんが、少し多めにウォーミングアップをするなどして緩和することは可能です。

「首が上手く使えていない」と、エネルギーの流れが最後の部分で逃げてしまいます。後肢から前躯に背中を伝って来たエネルギーが首を通してハミに抜けるとイメージすると、首は水平に近い状態で、頭の動きに合わせてリズム良く上下しているのが理想です。パドックで水平より低い位置まで首と頭を下げる馬もいて、それはそれで素晴らしいのですが、歩く段階ではそこまで低く保つ必要はありません。逆に、頭の位置が高く、首が上がってしまったように歩くのは良くありません。せっかく前へ前へと伝わってきたエネルギーが上へと逃げてしまうからです。

「ハミ受けが悪い」とは、馬がハミをしっかりと噛んでおらず、ハミで遊んでいたり、ハミから逃げようとしている状態です。その原因としては、ハミが口に当たって痛かったり、気性的に難しいところがあったり、走ることに対して集中力を欠いてしまっているなどが挙げられます。ハミ受けが悪いと、最後の最後でエネルギーが上や左右に逃げてしまって、もったいないことになります。

ここに挙げた要素をひっくるめて、後肢から前肢、首、ハミまで、前進エネルギーの流れがスムーズに伝わっているかどうかを、連動性があるかどうかという視点で判断するのです。エネルギーが途中で止まっていたり、逃げてしまっていたりするように映るのであれば、どこかに問題があるということであり、逆にエネルギーが後ろから前へとスムーズに連動しているようであれば理想的です。馬の歩きは走りにつながってきますので、きちんとエネルギーが連動して歩けている馬は速く走ることができるのです。

連動性という点においても、前述した2023年の大阪杯におけるジャックドールのパドックの姿を見ていただけると分かりやすいと思います。サラブレッドの肉体と精神は密接につながっていて、肉体的にも精神的にも充実している馬がいかに気持ち良さそうに、リズム良く、スムーズに歩くことができるかを示してくれる良いサンプルですね。

飛節の伸び

踏み込みと反対の概念として、飛節の伸びに注目してみるのも良いでしょう。飛節の伸びとは、後肢の飛節が最後まで真っすぐになるように見えることであり、つまり、しっかりと後ろに蹴れていることを意味します。走らせるとさらに分かりやすいのですが、歩いている姿を見ても、飛節の伸びはある程度感じることができるはずです。

岡田牧雄氏は、平成30年間の名馬たちのパドック映像を見て、馬体面から見た変化を分析するというグリーンチャンネルの企画にて、１００頭以上の名馬のパドックを見た

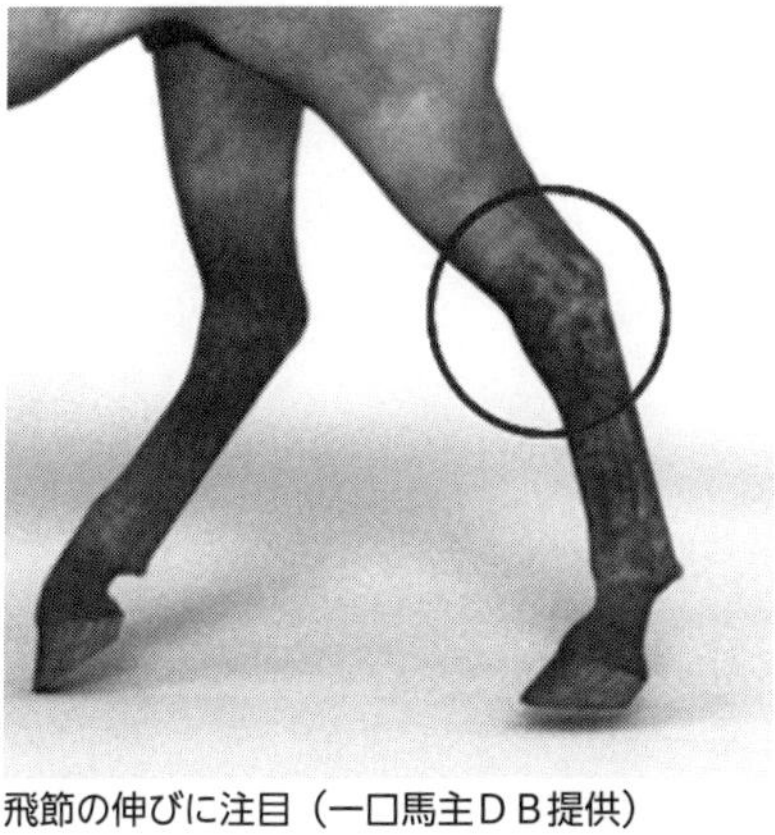

飛節の伸びに注目（一口馬主ＤＢ提供）

中で、同じ馬ではないかと思わせられる3頭の馬がいたそうです。ディープインパクトとサイレンススズカ、そしてアーモンドアイ。背中を上手に使って後躯のエネルギーを前躯にきちんと移すことができ、なおかつ後肢の飛節が最後まで真っすぐになるように見える馬の代表ということです。YouTube等でこれらの名馬たちのパドックを見ることができますので、ぜひ目の保養として鑑賞してみてください。

ただし、これら3頭は突然変異的に現れた名馬中の名馬であり、普通の馬たちのパドックを見るときに比較対象にしてしまうのは酷かなと思います。これらの名馬たちと比べて、最後まで飛節が真っすぐに伸びていないと評価されてしまうと、ほとんどの馬はそうなってしまいます。ディープインパクトとサイレンススズカ、そしてアーモンドアイは、あくまでも理想的なサンプルとして目に焼き付けておくだけで良いでしょう。

トモの返しに注目する調教師もいます。飛節の伸びもトモの返しもほぼ同じ観点です。グラスワンダーを管理した尾形充弘元調教師はこう語ります。

「パドックではいつも、トモの返しを注目して見ます。着地した地面を蹴る際の蹄の返し、そのアクションが素晴らしい馬で、もともと、この馬（グラスワンダー）の購入を決めたときの決め手のひとつとなったのもそのことでした。トモの返しのいい馬がイコール走る馬だとは限りませんが、人間にたとえるなら関節の柔らかい人、つまり身のこなしの柔らかさを示しているとは言えるでしょう」

（「優駿」１９９８年10月号　関係者が好不調の目安を教える　秋のＧ１有力馬　パドック・返し馬の特徴より）

ナチュラルスピード

ナチュラルスピードについても話しておきましょう。ナチュラルスピードとは、人間が手綱を持って引っ張ったり、逆に抑えたりせず、馬が自然に歩いたときの速さのことです。ナチュラルスピードが速い、もしくは遅いという言い方をします。当たり前の話ですが、走るのが速い馬や調子が良い馬は歩くのも速くなります。その逆も然りです。全身を大きく使って、しっかりと踏み込んで、後ろに強く蹴ることができ、しかもバネがあるからこそ自然と歩くスピードも速くなるということですね。

ＥＶＯ（Equine Vet Owners Club）の上手健太郎獣医師は走る馬の見極め方の中でこう語っています。

「わかりやすく言うと、『足が速い馬は歩いている時も速い』ということです。チャカチャカと小足で歩く速さではなく、ゆったりと歩いたときのスピードの速さです。また、人間が引っ張って速く歩かせるのではなく、馬が自然な形で歩いて、人間がそれに引っ張られて大股で歩かなければならないような速さです」

（「馬体は語る２」より）

岡田牧雄氏もデアリングタクトをセレクトセールで見出したときの理由のひとつとして、歩きの速さを挙げていました。

「（デアリングタクトは）前に前にとスッスと歩く姿が良いと私は思いました。単に歩くスピードが速いということだけではなく、自然な形で歩きつつ、歩くのが速いということです。人間でも、歩くのが遅いアスリートなんていませんよね」

（「馬体は語る２」より）

アスリートとして、走るのが速い馬は歩くのも速いということで二人は一致しています。僕も同感です。異論を挟む余地はないでしょう。あえて補足するとすれば、物理的に歩くのが速い馬は走るのも速いという側面だけではなく、（心身の）調子が良いときは歩くスピードもより速くなるという面もあることは覚えておいて良いでしょう。疲れているときや後ろ向きなときは、さすがにのんびりと歩きたくなるものであり、それは馬も人間も同じですね。ゆったりと自然な形で歩きつつ、身体全体を大きく使って、引き手をグイグイと引っ張るように歩けている馬はパドックでも好印象です。

口癖の悪い馬は敬遠する

馬の歩きについて書いてきましたが、ここから先は、もう少し細かな部分へと視点を移していきたいと思います。

まずは舌です。パドックで馬を見ていると、よく馬が舌を出して遊んでいるようなシーンに出会うことがあります。舌がハミを越して、口の外に出てしまっている状態です。おそらく、あまり良い印象を受けないでしょう。

調教やレースにおいて、舌がハミを越してしまうことによるメリットはありません。手綱から舌の上にあるハミを通して、騎手は競走馬に意思を伝えます。舌を出してしまうということは、ハミを通して騎手の微妙な意思が伝わりにくいということです。そうなると、折り合いが付けにくいだけではなく、操作性が悪くなったり、勝負所で最後まできちんと追うことが難しくなります。ハミがきちんと掛かっていない馬は、踏ん張らなければならない場面において、集中力を欠き、遊んでしまうからです。

同じことがパドックにおいても言えて、舌がハミを越してしまうことにプラスの要素は全くありません。もっとも、パドックで舌がハミを越していても、レースに行ってしっかり走れば問題ないのですが、それだけの話ではありません。

パドックにおいて、馬の舌がハミを越していることには、およそ2つの理由が考えられます。

1つは、馬が集中力を欠いてしまっているということです。体調が良くなかったり、競走(競争)する気持ちが失われていたり、何らかの理由があって競馬に集中できていないからこそ、舌でハミを遊ぶという行為に出てしまうのです。目の前の状況から逃げたいと思う気持ちの表れでもあります。人も落ち着かないときに、つい煙草を吸ったり、貧乏ゆすりをしてしまったりするでしょう(笑)。人間のように「なんだか今日はやる気が出ないんだよね」とは言えない代わりに、馬はちょっとした仕草でその気持ちを表現するのです。

2つ目は、ハミが合わない、もしくはハミを嫌がっているということ。せっかくなのでハミとハミ受けのメカニズムについて少し書いてみましょう。ハミは馬を制御するための重要な道具です。ジョッキーの手綱の先の金輪には、2本のこん棒をつないだようなハミがついています。ハミは馬の口の中に入っているので、外から見えるのは金輪だけですが、ここがジョッキーの操作によってアクセルになったり、ブレーキになったりする操縦部分です。

馬の顔は長いのが特徴ですが、もちろん口（口腔）も長いです。その長い口（口腔）の後ろの両端が「口角（こうかく・くちかど）」と呼ばれる部分です。僕たちが小さい頃、両手の指で左右に広げ、「イーーー！」とやっていたあの部分。口を大きく開くと、この口角の近くに全く歯のない部分があります。この歯のない部分が「歯槽間縁（しそうかんえん）」です。ジョッキーの手綱の先についた、こん棒のようなハミが通るのは、この歯のない部分です。

口の中に入ったハミは、舌の上に乗って、歯槽間縁を通り、口角のところで金輪とつながります。その金輪につけた手綱を持ったジョッキーがハミを引いたり、緩めたりして、ハミ受けと口角に加える圧迫を調整するのです。ハミ受けと口角は極めて敏感な部分なので、圧迫の強弱を感じ取って、速く走るべきなのか遅く走るべきなのか、また止まるべきか走るべきか、といった指示を理解するわけです。

パドックで舌がハミを越して、ハミをカチャカチャさせている馬には、口の構造上、ハミが合っていないもしくはハミが嫌いという馬が多いです。こういう馬にレースでジョッキーが乗ると、道中でハミの操縦に抵抗して引っ掛かったり、勝負どころでハミの伝える騎手の命令に従順に反応しなかったりということが起こります。折り合いがつかなければ馬も騎手も消耗してしまいますし、右か左のどちらかの口が難しい馬はしばしば寄れグセを出すので乗りにくい。そもそも、ハミがしっかりと掛からなければスピードに乗ることさえできないのです。

あくまでもレースに行っての操作性の問題であり、勝敗に絶対的な影響を及ぼすほどではないため、多少であれば目をつぶりますが、あまりにも口癖の悪い馬の馬券は買わないようにしています。パドックで終始ハミを越して舌が出ていたり、ハミでガチャガチャと遊んでいたり、それによって口の周りが擦れて泡のようになっていたりする馬を僕は敬遠しがちです。そのような馬は、レースに向かうにあたっての集中力に欠けていますし、レースに行ってからも操作性が悪くてジョッキーが思うような競馬ができずに敗れてしまう可能性が高いからです。

目

「目は口ほどにモノを言う」ということわざがあるように、もともと口がきけない馬にとっても、目は心を映し出す窓です。ディープインパクトやキングカメハメハなど、数々の名馬を探し当てた金子真人オーナーは、馬選びの際に〝まずは目を見る〟と言います。馬の目には、喜怒哀楽といった感情だけではなく、その馬の性格までもが映し出されるからです。気性が穏やかで賢い馬は、黒く澄んだ目をしているものです。

パドックで馬を見るときにも同じことが当てはまります。やる気や気合は目に表れてくるものであり、生き生きとして底光りするような眼光の馬は、間違いなく体調が良い。逆に目に精彩を欠き、どんよりとショボショボしているような目をしている馬は、明らかに調子を落としています。たとえば、連闘で疲れている馬の目はどんよりと濁っていますし、走る気のない馬は、ズルそうに相手をうかがいながら、走るフリをしている目になります。このあたりを言葉で説明するのは難しいのですが、元来、僕たち人間には、相手の目を見て心を推し量る能力が備わっているはずです。あなたが見て、「走る気になっている」、「元気がなさそう」などと感じたら、その直感をまずは大事にしてみましょう。

１９９８年の高松宮記念を制したシンコウフォレストを担当していた広瀬勝己厩務員は、馬の目についてこう語りました。

「これはどんな馬にもいえることですが、状態が上がってくると目に活気が出たり、馬体に張りが出て毛ヅヤが良くなる、ということはあります。普段接していても、〝うん、よくなってきたなあ〟と感じるのはそんなときですね」

（「優駿」１９９８年10月号　関係者が好不調の目安を教える　秋のG１有力馬　パドック・返し馬の特徴より）

また、パドックにおいて、あまりキョロキョロしている馬は心配です。視覚の構造上、馬は頭全体で物ごとを見ることになります。物ごとを見ようとしている馬は、頭を上げたり、下げたり、ぐるりと見回して見たりします。なぜかと言うと、レンズの厚さや形を変える毛様筋の発達が良くないため、網膜の上にきちんとした映像を作るのに時間がかかるからです。そこで、頭を動かすことによって、焦点が合いやすいよう調整するのです。ですから、人間に比べると、頭を動かしてキョロキョロしているように見えるのは当然です。ただし、パドックであまりキョロキョロしている馬は、周りが気になってレースに集中できないというサインでもあります。実際のレースでは、ほんの少しよそ見をしただけで、2、3馬身は遅れてしまうものです。

周りが気になって集中できない馬には、ブリンカーやチークピーシーズ、ホライゾネットなどの馬具をつけることもあります。馬は両眼でほぼ350度という非常に広い視野を持っていて、たとえば左の目で馬場の柵を見ながら、右の目でスタンドの観衆を眺めて走るという芸当ができます。突然の出来事を即座に見て取ることはできない代わりに、見える範囲が人間に比べて広く、1度に2つのものを見ることができます。このような馬特有の視覚が、後ろを気にする馬や他馬に並ばれると怯んでしまう馬にとっては、不都合となる場合もあります。そこで、ブリンカーやチークピーシーズ、ホライゾネットなどの馬具によって後方の視野を制限された馬が、馬群を気にすることなくレースに集中することで、見違えるような能力を発揮できる場合もあるのです。

こういった馬具は、初めて装着するときの効果が最も大きいということも覚えておきたいですね（良い面でも悪い面でも）。初めてブリンカーやチークピーシーズ、ホライゾネットを使う馬が、刺激を受けたことによりまさかの激走（または凡走）をすることがあります。しかし、その効果は、馬が馬具に慣れてしまうことにより、次第に薄くなっていきます。

たとえば１９９７年の安田記念を制したタイキブリザードは、前哨戦の京王杯スプリングカップでブリンカーを装着して圧勝しました。本番である安田記念に臨む際、タイキブリザードを管理する藤沢和雄元調教師は、再度ブリンカーをつけるかどうかの判断を最後の最後まで迷ったといいます。１４００ｍの京王杯スプリングカップならば、ブリンカーをつけてちょうど良かったのですが、１６００ｍに距離が延びる安田記念でつけると、馬がレースに集中しすぎて、行きっぷりが良く、かえって折り合いを欠いて引っ掛かってしまうのではないかという心配があったのです。

藤沢和雄元調教師は、ギリギリまで悩んだ末、安田記念ではタイキブリザードにブリンカーを装着しないことに決めました。結果的にはその判断は正しかったのでしょう。タイキブリザードはレースの流れに乗りながら中団を進み、ゴール前では見事にジェニュインを差し切りました。もしブリンカーをつけていたら、行きっぷりが良すぎて、道中で折り合いを欠き、最後の最後で伸びを失って負けていたかもしれません。

ブリンカーと違い、チークピーシーズは事前に装着の届出をしなくても良いため、その時々の馬の状況に応じて使うかどうかの判断ができます。枠順や馬場状態に応じて装着の判断ができ、極端に言うと、当日のパドックでの馬の様子を見てから、つけたり外したりすることも現状では可能なのです。たとえば、当日、馬に気合が乗りすぎていて、チークピーシーズをつけたままだと行きすぎてしまうと判断すれば外すこともできますし、初コースなどの理由で周りに気を遣ってしまっていると思えばつけることもできます。このように状況に応じて装着の判断ができることは、陣営にとっては大きな安心材料となります。そのため、ブリンカーではなくチークピーシーズを使う陣営が増えてきているのです。

そもそも馬具は馬の弱さを補うための道具です。藤沢和雄元調教師が「できることなら馬具など一切つけずにレースに出走させたい」と語っているように、馬具をつけているということは、その馬のどこかに弱いところがあることの証明に他なりません。僕はそういう馬に大金を賭ける気には到底なれないのです。

そういえば、競馬ライターの平松さとし氏が、馬具について藤沢和雄元調教師に尋ねたところ怒られたという面白い話を思い出しましたので、少し長くなりますが、引用させてください。

「藤沢和雄の管理馬が少し変わったチークピーシーズを装着していた。
5～6年前の話だ。何が変わっていたかというと、異常に小さいのだ。形状はチークピーシーズそのものではあるのだが、果たして効果があるのか？と懐疑的になるほど小さなモノだったのだ。レース後の脱鞍時に藤沢にその事を問うと、最初は何の返事も返って来なかった。聞こえていないのかと思い、改めて聞き直すと鋭い眼光をギロっと向けられただけで、またも何も言葉は発せられなかった。結局その場はそれで終わったのだが、話には続きがあった。

その日の晩、当方の携帯が鳴った。発信者は藤沢和雄。出ると、唐突に言われた。

「くだらない質問をしてくるんじゃないよ‼」

その後はすごい剣幕で叱られたのだが、正直、困惑した。小さなチークピーシーズの意味は分からないままだし、自分がした質問がそれほどまでに叱られるような内容とは思えなかったからだ。

その後、モヤモヤを抱えたまま数年が過ぎたわけだが、今回のインタビューで去り行く伯楽に改めて、当時の真相を伺った。「何故あれほど叱られたのか、未だに分からないのですが？」と言った私に対し、藤沢は笑いながら答えた。

「それはね、その時の返事のままで何も深い意味があるわけじゃないよ。自分としては可能な限り馬具に頼らずに走らせてあげたい。何故って？だって馬具は馬の取り扱いをできない人が色んなモノで御そうとしているという事でしょう。極端な言い方をすれば自分達の技術の無さを見せてしまっていると言えなくもない。それでも馬によっては色々と試さないといけないケースがあるのも事実。そうやって試した上で、考えていたほどの効果が得られない事だって多々ある。馬具に頼った上にダメだったとなるとそれは恥ずかしい事なんだよ。そんな時に質問されたから『くだらない質問するんじゃない!!』って思った。それだけの事だよ」

（「優駿」２０２２年４月号　藤沢和雄　貫き通した〝馬優先主義〟より）

藤沢和雄元調教師の「馬優先主義」を貫く姿勢や馬具に対する考え方に、僕は１００％共感します。その上で、誤解を招かないように説明しておくと、そうは言っても競走馬たちはそれぞれに個性的であり、肉体的、精神的な問題を抱えているケースも多く、馬具に頼らざるをえない馬もいるのです。余計な馬具を一切つけることなく、できる限り自然な状態で気持ち良く走ってもらいたいとは願っても、それはあくまでも理想論にしかすぎません。パドックで馬を見るときも同じく、馬具を何もつけていない状態が理想ですが、多少であれば仕方ないかなと思って、片目をつぶるようにしています。目の話だけに、目で落としてみました（笑）。

汗

続いて、発汗について。サラブレッドは人間と並び、2大汗かき動物の1種です。1回の競走で、なんと10リットルもの汗をかくとされています。ですから、個体別の差こそあれ、汗をかくこと自体は問題ではありません。問題なのは、まだレースが始まっていないパドックという場において、すでに大量の汗をかいていることです。人間よりも暑さに弱いため、夏場は仕方ないにしても、僕たちが見て明らかに異常とも思えるほどの汗をパドックで流している馬は、疑ってかかるべきです。運動量が多いとか、新陳代謝が良いという理由ではない、精神的な影響がそこにはあるはずだからです。

特に、ゼッケンや股が擦れて石鹸の泡状になってしまっている部分が目立つ馬は要注意です。

別に石鹸のような汗が悪いわけではありません。なぜ石鹸のような汗になってしまうかというと、馬の汗にはラセリンという物質が含まれているからです。ラセリンには石鹸と同じような働きがあり、脂分と水分をなじみやすくすると同時に、表面張力を抑え、汗の水分が被毛を伝わって皮膚全体に広がりやすくする機能があります。汗にラセリンが含まれていることで、汗が全身に広がり、体表からの放熱効果があるのです。つまり、石鹸のような汗が目立つということは、その馬が大量の汗をかいたということを意味します。

藤沢和雄元調教師の管理馬にバブルガムフェローという馬がいました。朝日杯3歳ステークスを楽勝し、クラシックの最有力候補に躍り出たサンデーサイレンス産駒です。のちに天皇賞・秋を4歳馬（現表記3歳）として初めて勝利することになる素質馬でした。が、スプリングステークス前あたりから調教のピッチが上がるにつれ、発汗が目立ち始めるようになったのです。

藤沢和雄元調教師によると、冬の間ずっと美浦トレセンにいたため、環境に飽きてしまったと言います。ストレスが溜まって、走ることが嫌になっていたそうです。そういう精神的な影響が発汗として表れたのです。バブルガムフェローは結局、スプリングステークスをなんとか勝利するも、皐月賞前に骨折をしてしまい、クラシックを棒に振ってしまいました。汗をかくというレベルではない、極端な発汗は、馬の精神的なストレスの兆候だと考えることもできるのです。

野平祐二氏は競走馬の発汗について、

「汗は首筋がうっすら濡れている程度がいいでしょう。泡になるほど汗をかいている馬はよくありません。そこまでいってしまうのは、入れ込みというよりは恐怖心からなんでしょうね」

（「優駿」1998年10月号　野平祐二調教師が詳細を解説「パドックのここを見ろ！」より）

と語っています。

1998年の皐月賞と菊花賞を制したセイウンスカイを管理した保田一隆元調教師は、精神的なストレスと発汗の関係についてこう語りました。

> 「ソエの痛みからくる精神的なストレスがあった弥生賞のときは、いつもより入れ込みがひどかった。肌寒い日なのにずいぶん発汗もしていました」
> （「優駿」１９８８年10月号　関係者が好不調の目安を教える　秋のＧ１有力馬　パドック・返し馬の特徴より）

僕もこのときのセイウンスカイの豹変ぶりはよく覚えています。競走馬にとって、デビューしてから2、3戦目が最も苦しい時期になるのは、レースの厳しさを知るからということのみならず、この時期はソエなどの痛みがあちこちに出てきたりするからでもあります。弥生賞におけるセイウンスカイはソエに悩まされていたと後から聞いて納得したのと同時に、ソエが治まった皐月賞では最終追い切りでもびっしりと追えて、パドックでも落ち着きが出ていたのを見て、自信を持って単勝を買うことができました。初クラシック制覇となった横山典弘騎手のガッツポーズを今でも忘れられません。

耳

馬の心理状態が最も端的に表れるのは、耳であると言っても過言ではありません。馬の感情がストレートに表れてしまうので、僕たちが馬の気持ちを知る手がかりとなることが多いですね。調教師や厩務員やジョッキーなど、馬に携わる人々は、馬の耳の動きや向きを観察することによって、馬が今何を考えているのか、何を気にしているのか、何を恐れているのかを察するのです。

馬は両方の耳を前後左右に、しかもそれぞれを別々に動かすことができます。左右の耳を別々に動かすことで、聴覚的に周囲の環境を探索するのです。また、耳を動かすことで、仲間同士でサインを送ることにも使われます。仲間の耳の動かし方や位置を見ることで、相手の感情を読み取ることができるのです。

緊張していないときの耳は、ほぼ直立し、前方やや外側を向いています。この基本位置が、周囲の状況を最も把握できる体勢です。パドックをこういう耳で歩けている馬は、これから行われるレースに集中できているはずです。それとは逆に、耳を左右に動かしている馬は、不安を感じ周囲を気にしているということが分かります。たとえ同じリズムで歩いていたとしても、耳の動きが違えば、その馬の精神面は全く異なるということになります。

平常時
（耳は前を向く）

周辺を探る時
（耳を動かす）

怒り、警戒時
（耳を絞る）

（一口馬主ＤＢ提供）

怒りや不快感を覚えると、馬は左右の耳を絞ります。絞るというと分かりにくいかもしれませんので言い換えると、耳を頭の後方にピタリと張り付け、前からでは見えないようにした状態のことです。馬が攻撃衝動や優越感を抱いたときの典型的な姿勢ですね。なぜ耳を絞ることが攻撃衝動を表すのかというと、それはかつて仲間の攻撃から耳を守るためにとった姿勢に由来しています。耳をピタリとつけてしまえば、かじられたり、引き裂かれたりすることが難しくなるからです。

パドックや返し馬で、他馬が近くに寄ってきた際に耳を絞る仕草を見せる馬は、他馬を気にする馬です。この傾向が極端に見られるようであれば、実際のレースに行って、他馬を気にしてばかりでレースに集中することなく、力を出し切れずに終わってしまうという結末に陥りやすいのです。もちろん、ジョッキーも他馬になるべく近づけないように工夫して乗ったりもしますが、それでも競馬が集団で行われる以上、レースのしづらい馬であることに間違いありません。こういう馬は、よほど力が抜けているか、展開に恵まれない限り勝ち負けになるのは難しいでしょう。

これは余談ですが、パドックならまだしも、実際のレースに行っても耳あてのついたメンコをして走ることを僕はあまり好ましく思っていません。耳あてをするのは、周囲の騒音から遮断されることで、馬が大人しくなったり、落ち着くからです。が、馬がレース中、後方にいる他馬との距離を音で判断する以上、馬の耳をレースで覆ってしまうことは判断力を鈍らせることにつながります。ジョッキーからの掛け声やムチの音に反応するのもまた耳なのです。

藤沢和雄元調教師はメンコについてこう語ります。

「音を遮る事によって落ち着く馬もいるからメンコにメリットがないとは言いません。でも、聴覚は大事な五感の一つだと思うから、本来は音を聞きたいはずで、それを奪うのは良くないと考えていました」

（「優駿」２０２２年4月号　藤沢和雄　貫き通した〝馬優先主義〟より）

海外の競馬を見ても、メンコをつけて走る馬はいますが、両耳をすっぽりと覆う耳あてをしながら走らせるのは日本だけではないでしょうか。前述したように、耳あては馬だけではなく、耳の動きで馬の気持ちを察するジョッキーの判断力も鈍らせることになります。ジョッキーにとっては、何を考えているか分からない馬に乗るのはそれだけで怖いことです。馬券を買う側にとっても、実際のレースで耳あてをつけて走る馬を本命にするのは怖いというのが本音です。

蹄の音

パドックで歩く馬の蹄の音に耳を澄ませたことはありますか？　蹄の音というよりは、蹄に装着された蹄鉄とパドックの路面がぶつかる音です。カッ、カッという鋭い音があれば、カポッ、カポッという鈍い音もあります。ほとんど音が聞こえない馬もいるでしょう。僕たちはパドックに行くと、どうしても馬を見てしまいますが、たまにはそれぞれの足音を聴いてみると面白いかもしれません。

このことに気づいたのは、僕が地方競馬に通っていた時代です。平日の地方競馬場に行き、第3、4レースぐらいのパドックに足を運ぶと、ほとんど観客がおらず、ゆっくりと静かに馬を見ることができました。僕も最初は馬を見ていたのですが、静まり返ったパドックに鳴り響く馬の蹄の音が気になって仕方ありませんでした。

特に、カポッ、カポッという、お椀を返したような音を聴くと、その馬がこれから向かうレースで勝てる気が起こらなかったのを覚えています。なぜかと言うと、上手く説明するのは難しいのですが、どう考えても勝負とは無縁な音にしか聞こえなかったからでしょうか。サラブレッドというよりは、農耕馬が歩いているように感じたのかもしれません。実際に、カポッ、カポッという音を立てて歩いていた馬は、レースに行って走ったことがなかったと記憶しています。ほとんどの馬は人気薄でしたが、たまに人気がある馬でもあっさり負けたりしました。あるときから、カポッ、カポッという音を立ててパドックを歩く馬は走らないというジンクスは、僕の中で確信に変わったのです。

今ならば、ある程度、その理由を説明できます。カポッ、カポッという音がするのは、蹄の外周部分が同時に着地するからです。たとえば、お椀を逆さにして、机の面に平行にして降ろしてみると、カポッと同じような音がするはずです。蹄の外周部分と地面が平行に同時に着くほど、その音は空気を含んだものになるのです。逆に、蹄の外周部分のどこかが先に着地すれば、カッ、カッという蹄鉄とパドックの路面との衝撃音だけ、もしくはほとんど無音に近くなるはずです。

なぜ蹄の外周部分が同時に着地するのが良くないかというと、それは歩き方と蹄の大きさの問題です。実は、現役のサラブレッドの多くは、つま先から着地するように歩きます。それは速く走らなければならないという意識がそうさせるのです。常に前へ前へと推進するように調教されているからこそ、前のめりに歩くのです。カポッ、カポッという音がする、蹄の外周部分が同時に着地しているような馬は、緊張感に欠けるか、もしくは勝つ気がないかのどちらかでしょう。リラックスしすぎているとも言えます。つまり、「きちんと歩けて」いないということになるのです。

蹄の大きさについて説明すると、よく蹄の大きな馬は道悪が苦手で、小さな馬は得意と言われますが、それほど気にしなくて良いかなと思います。間違っているわけではありませんが、道悪の巧拙に関しては、蹄の大きさ以外の要素、たとえばフットワークの大きさやハミの取り方、気性、馬体のサイズなど様々な要素が絡み合いますので、一概に蹄の大きさだけで巧拙が決まるものではないというのが実状です。

それよりも、後肢の蹄が大きい馬は走らないということは覚えておいて良いでしょう。普通の馬は前肢と後肢の蹄の大きさは違って、前肢の方が大きく、後肢の方が小さいものですが、ごく稀に後肢の蹄が前肢のそれと同じぐらい大きい馬がいます。蹄だけを見ると、どちらが前肢か後肢か分からないぐらい。後肢で蹴って前へと進むサラブレッドの馬体の構造上、後肢の蹄が尖がっていて、小さい方がスピードに乗りやすいため、後肢の蹄が大きすぎる馬は避けた方がいいですね。1頭1頭の後肢の蹄の大きさを見ているわけではありませんが、カポッ、カポッと音を立てて歩く馬がいると、後肢の蹄が大きくて走らない馬なのではないか、とつい疑ってしまうのです。

あくび

パドックであくびをしている馬を見て、図太い神経をした馬だなと思うことがあるでしょう。幾度かレースを経験した馬であれば、パドックを歩いているということは、この先、本馬場に出て、返し馬をして、レースが行われることを察知するのが普通です。そもそも、調教が強くなってきたことからレースが近づいていることを感じる馬もいますし、馬運車に乗ることで分かる馬もいます。サラブレッドは敏感な生き物なのです。にもかかわらず、これから極限の競走を強いられることを知ってか知らずか、パドックであくびをするなんて、ずいぶんとリラックスした精神状態です。

そんなとき、ある友人が言っていた、あくびに関するひとつの説を思い出します。

「あくびって、眠かったり、退屈だったり、気持ちが緩んでいるから出るっていうのが一般的な説だよね。でも、俺はそれだけじゃないと思うんだ。あくびって、緊張を解くっていう効果もあるんじゃないかな。あえてあくびをすることで、緊張を紛らわすというか、リラックスするというか。実際に、俺はそうしているし」

なぜこんな他愛もない会話を正確に覚えているかというと、いつもはくだらない話しかしない友人が何の脈絡もなく真面目に語り始めた割には、その内容のあまりの無意味さに驚いたからでした。だからどうなんだよ、知らんがな、と僕は心の中でつぶやきました。しかし、あれから10年以上経った今でも覚えているということは、その内容には実は深みがあった（?）のかもしれませんし、少なくともパドックであくびをする馬を論じるネタとして使えたのですから、友人には感謝しなければいけませんね。

パドックで馬があくびをしているのを見て、やる気の欠如と決め付けるのは早計です。もしかすると、パドックであくびをしている馬はやる気がないのではなく、緊張を紛らわそうと必死に抵抗しているのかもしれません。いや、そうに違いありません。サラブレッドは僕たちが考えるよりもはるかに繊細なのです。これから迫り来る恐怖に対する不安を乗り越えるために、意識的にせよ無意識にせよ、なんとかリラックスするためにあくびをしているのではないでしょうか。

なんとも雲を掴むような話になってしまいましたが、僕が言いたいことは、いずれにしても、パドックであくびをしているような馬は買いたくないということです。やる気や緊張感がなくてあくびをしているのであれば、レースに行っての好走は望めません。そうではなく、極度の緊張状態をなんとか紛らわそうとあくびをしているのであれば、それはそれで、レースにおいて力を発揮できるかどうか疑問です。

パドックであくびをしていることから想像できるのは、悪い結果だけなのです。

首

パドックで力強さが前面に表れる部分のひとつは首でしょう。人間は緊張すると自然と肩から首に力が入ってしまうように、馬も緊張すると首に力を入れてツル首になります。ツル首というのは、文字通り、鶴が弓のように首を曲げることに由来します。この首の形を気合が入ってきたと解釈することもできますが、ほとんどの場合、緊張から首に余計な力が入ってしまっているだけです。過度にツル首を保ち続けている馬をパドックで見かけたら敬遠した方が良いでしょう。

ツル首を良しとする論もあります。たとえば、競馬評論家の伊藤友康氏はこう述べています。

「ツル首とは馬が自分からするものではない。どんどん前へ行こうとするのを、厩務員が手綱を引いて抑えるから、あごが引けて鶴が見せるような首つきになるのだ。騎手が乗っても同じことで、鞍上から手綱を引くからツル首になる。だからツル首は前へ出ていこうとする馬の意思の現れであり、つまり気合が乗っているということなのだ。ただし、気合の乗り過ぎはイレ込みになるので要注意」

（「競馬　馬の見方がわかる本―誰も教えてくれなかった馬を見るポイント」より）

たしかに、パドックにおけるツル首は、馬が前へ出ていこうとするのを人間が抑えるから起こる現象です。なぜ抑えるかというと、そうしなければ速く歩きすぎて前の馬を追い越してしまうからです。この状態は、レースで言うと、行きたがっているということ。リズム良くスムーズに歩けているとは言いがたいはずです。もう一度述べておきますが、リズム良くスムーズにとは、人間が手綱を引く必要がほとんどないことに近いのです。ツル首になっている馬の手綱を離すとどうなるでしょうか。伊藤氏も最後に付け加えているように、ツル首になっているということは、コントロールが難しいほど気合が乗りすぎて、入れ込んでしまっている状態に近いのです。

パドックで好印象を受ける首の使い方は、水平からやや低い位置で頭を上下させながら、首を上手に使ってリズム良く歩けている状態です。たとえば角居勝彦厩舎や藤原英昭厩舎では壊れる心配のない常歩のときに、頭の位置やハミの取り方、後肢の踏み込み方など、「歩くフォーム」について時間を掛けて教え込んでいました。常歩で歩くときから、頭を下げて、背中を伸ばす姿勢をとる。それと同時に、馬にとっては消耗品である関節や腱を大きく動かすことによって、馬が壊れにくくなる。首を下げて背中を伸ばす常歩と、筋肉や関節を大きく動かす常歩は相反するものですが、この2つのバランスを取りながら歩けている状態が理想的な歩き方の姿勢であり、それは理想的な走り方へとつながっていくのです。

牧場で草を食むときのように、首を前方の下に伸ばしたまま歩くのも悪くはありません。リラックスしていないと、こういう首の使い方はできませんから。ただ、終始、首を低く前に保ちながら歩いている馬もいますが、それはそれで首が上手に使えていないことにつながります。落ちているお金を探しながら走っていると言われたタイキブリザードは、首を低く保ちながら走る馬でしたが、このような走法の馬は一度引っ掛かると騎手が止めるのが難しいとされています。ハミを頼りすぎてしまって、上体が起きない形で突っ走るということです。

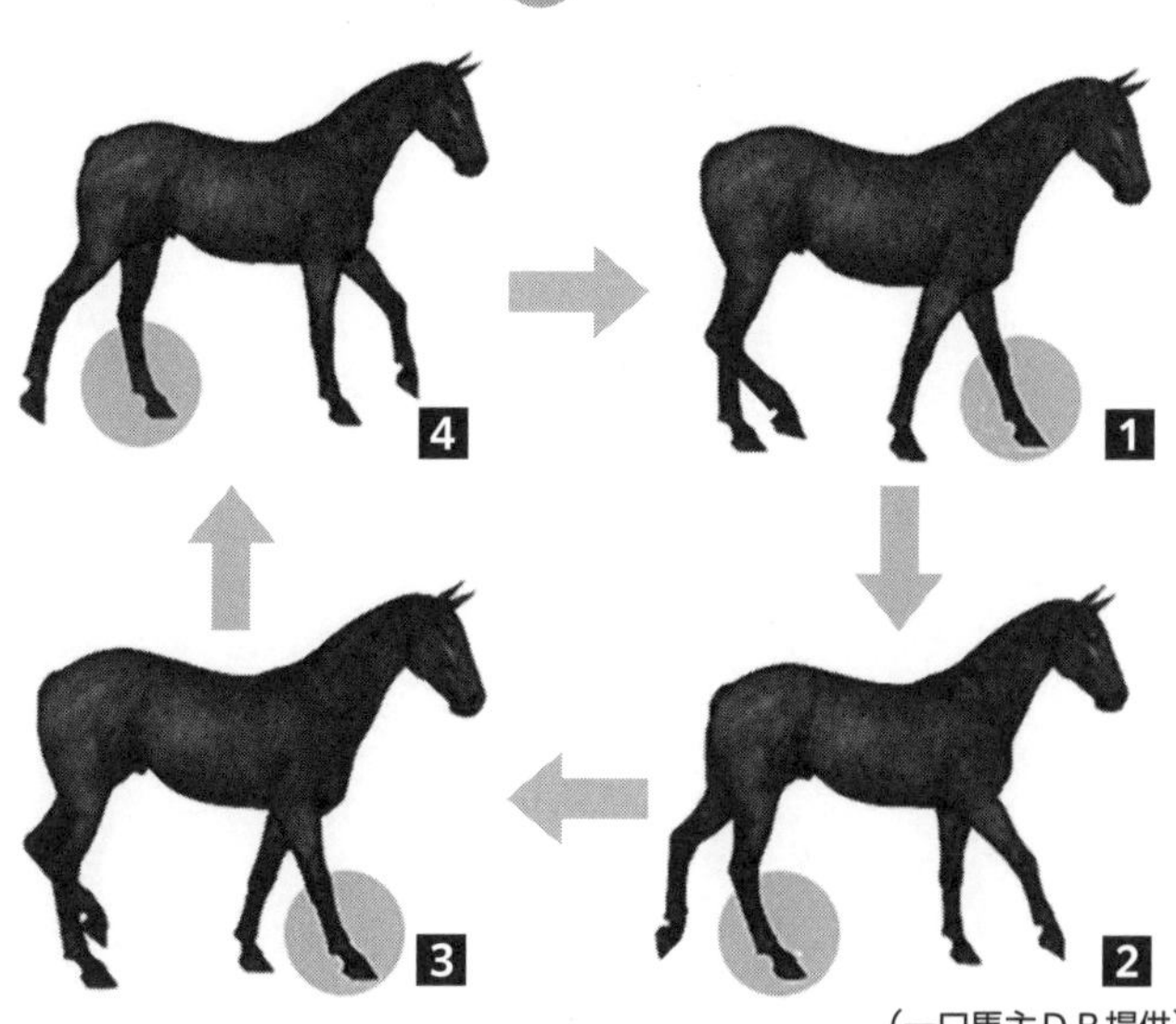

（一口馬主ＤＢ提供）

馬の歩いている姿を前方から見ると、頭から首の使い方が分かりやすいです。馬は４本の脚が別々に着地する歩き方で、左前、右後ろ、右前、左後ろという順に肢が地面を蹴り、その順番で着地します。左右の肢を交互に前に送り出す動作なのですが、ただ単純にそれだけではありません。肢を出すということは、重心も動くということです。

常歩を細かく分析すると、歩き始めるとき、まずは馬体を前に傾けて、重心を歩く方向に軽く移動します。それから（たとえば）左前肢を前に送り出し、地面につける。そして、左前肢に重心を移動する。それによって、反対側（ここでいうと右側）の肢が自由になり、右後肢を前に送り出すことができる。次は右後肢に重心が掛かっている間に右前肢を前方に送り出し、その次は……という繰り返しで歩くのです。つまり、馬が四肢を使って歩いているときには、肢だけではなく、馬の重心も移動していることになります。

重心移動が顕著に現れるのは、馬の頭部です。重心が動くと頭も動くというよりは、頭の動きを巧みに使うことによって、よりスムーズに馬体の重心移動を行うのです。たとえば、頭を下げると重心は前に移動し、頭を上げると重心は後ろに移ります。同じく、頭を左に動かすと重心は左へ、右に動かすと重心は右へと傾きます。これを先ほどの常歩の四肢の動きに連動させると、頭は左前から右後ろ、そこから右前、さらに左後ろへと、そう、数字の8の字を描くように動くことになるのです。この8の字の頭の動きは、歩く姿を横から見ていたときには分かりませんが、正面から頭の動きに注目して見るとよく分かるのです。

綺麗な8の字が描けていれば、首から頭を使ってバランス良く歩けている証拠です。馬の頭の

正面から頭の動きを見た時、8の字を横にしたような形を綺麗に描けていればバランス良く歩けている証拠

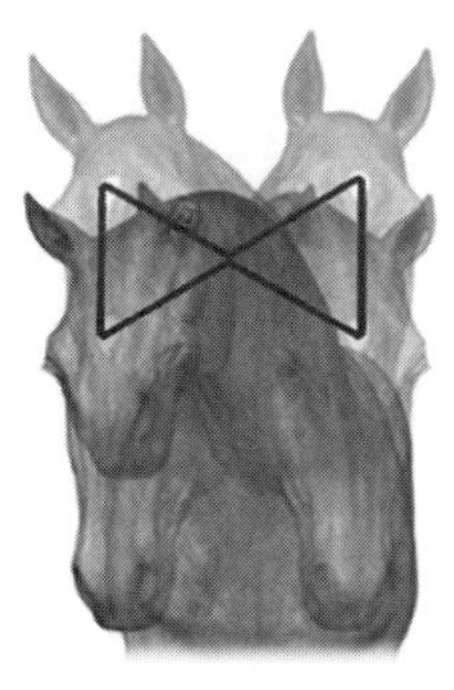

（一口馬主ＤＢ提供）

動きが、肢の動きに伴う重心移動と連動している以上、きちんとした8の字を描けていることイコール、四肢もきちんと運べているということになります。逆に、８の字が歪んでいる場合（たとえば片方の輪（○）が小さいなど）、歩様のバランスが悪いことが考えられます。

実際のところは、頭部がほとんど動いていない馬の方が多いはずです。特に下級条件で走っている馬たちは、首から頭を上手く使って歩けていません。そんな中でも、首から頭部をリズム良く動かし、８の字を描けているような馬がいたら、その馬は身体全体を使って歩けているということです。競走馬としての資質が高く、勝ち上がって上のクラスに行くべき器であることの証明です。

現地に足を運ばなければ、パドックで馬を前から見ることはできませんが、テレビのモニター等で見る場合も、もし前から見ると頭が8の字を描いているのだろうなと思わせるような、上手な首の使い方をしている馬を狙うということです。

馬っ気

牡馬が興奮したときに起こる現象として〝馬っ気〟があります。ただ単に、発情して起こるだけではなく、馬が興奮して、その興奮に体が反応して起こることもあるのです。つまり、近くに牝馬がいないときでも起こりうる現象であり、体が生理的に反応してしまうほどの興奮状態にあると考えて良いのです。現役を引退したオグリキャップが２００８年に東京競馬場のパドックに姿を現したとき、〝馬っ気〟を出していたのを覚えていますか？　あれを見て、オグリキャップはまだまだ元気だなあ、と言っていた人がいましたが、おそらくそうではないでしょう。オグリキャップは久しぶりに競馬場に連れて来られて、極限の興奮状態に陥り、体の一部が反応してしまったのです。

これも有名な話ですが、パドックで〝馬っ気〟を出していたにもかかわらず、ジャパンカップを勝利したピルサドスキーというイギリス馬がいました。格調高い国際レースだというのに、激しく〝馬っ気〟を出しているピルサドスキーを見て、馬券を買い控えた競馬ファンも多かったと聞きます。そのせいか、ブリーダーズカップターフやエクリプスステークス、愛チャンピオンステークスなどのＧ1レースを制し、凱旋門賞で2着した実績馬であるにもかかわらず、バブルガムフェロー、エアグルーヴに次ぐ3番人気で、単勝は４６０円もつきました。ただし、ピルサドスキーのケースはあくまでも例外中の例外であって、僕が見た限りにおいて、パドックで〝馬っ気〟を出しているような精神状態で勝った馬はほとんどいません。

パドックでボロ（糞）をするのも緊張している証拠です。これだけ多くの人々の前でボロをするなんて、緊張感のないやつだなあ、と思われるかもしれませんが、そうではありません。僕もお腹が弱い方なのでよく分かるのですが、競走馬も緊張しているからこそボロをしてしまうのです。ボロについては、生理現象のひとつでもあり、消す材料にはなりません。

このように、ちょっとした現象の中にも、馬の精神状態、つまり馬の心を読み解くカギが隠されているのです。

音

音を発することは、言葉のない馬同士の交信には欠かせない行為であり、馬が発する音にはたくさんの種類があります。ただし、競馬場のパドックで読み取ることのできる音に限定すると、「鼻鳴らし」と「いななき」の2種類ではないでしょうか。

まず、「鼻鳴らし」は危険を伝えるために使われます。口は閉じたままで、鼻に思い切りブワッと空気を送り込むことによって、鼻孔が振動してブルブルという音が0・8秒~0・9秒ほど持続します。「鼻鳴らし」をする馬は、好奇心と恐怖心の葛藤状態にある馬です。これから行動を起こす準備として自分の気管をすっきりさせると共に、群れの仲間に危険があるかもしれないという警告を発するのです。また、牡馬が他の牡馬に挑戦するときにも「鼻鳴らし」は行われます。

つまり、パドックで「鼻鳴らし」をしている馬を見たら、これから行われるレースに対して、興奮と恐怖を感じていると考えて良いでしょう。

僕は「鼻鳴らし」をしているだけでは消しの対象とはしません。これは他の要素にも当てはまることですが、ただひとつの現象だけを取って、消しや買いと判断するわけではなく、その他の要素も含めて複合的に判断します。どういうことかというと、「鼻鳴らし」をしているからその馬の精神状態が良くないと判断するのではなく、「鼻鳴らし」をしていても馬の身体全体がリラックスしていれば問題ないと判断するということです。大切なことは、馬全体を見て、レースで力を発揮できる精神状態にあるかどうかを見極めることです。

もうひとつの「いななき」も、防御的な合図です。新馬戦のパドックでいないないている若駒をよく見かけますが、あれは初めての場所に連れて来られて、不安で仕方ないからいななくのです。不安な気持ちがたかぶって、「誰か～！」と叫び出したくなった経験は僕たちにもあるのではないでしょうか。また、相手に対して、やめないと報復を受けることになるぞ、というほのめかしにもなります。いななきが高く、しかも大きくなるにつれ、「やめろ！」という攻撃的な意味が強くなるのです。

マイルチャンピオンシップや安田記念、スプリンターズステークスなどＧ1レースを5勝し、20世紀最強のマイラーとの誉れ高いタイキシャトルは、パドックでいななく癖がありました。パドックに現れた瞬間に、高く大きくいななき、それから周回を始めるのです。ライオンのような風貌であり、あれだけの圧倒的な強さを誇っていた馬ですから、まるで百獣の王がレース前に「俺が王様だ！」と一喝しているようでした。フランスのジャック・ル・マロワ賞では、直前で蹄鉄が外れるというアクシデントで人間がパニックになっていたところ、タイキシャトルがいつもどおりパドックの入り口でいなないたことで、陣営は我に返ることができたという逸話もあります。

ただし、タイキシャトルのように他馬を威圧する「いななき」を発する馬は稀です。ほとんどの馬は極度の興奮や不安を抑え切れずにいなないてしまいます。「鼻鳴らし」と同じ現象であり、その馬の精神的な弱さや若さが、音を発するという行為として表れてしまうということです。

尻尾

我が家にはトイプードルがいます。毛色にちなんで、チョコと息子が名付けました。僕自身、カメ以外の動物を飼うのが初めてで、いささか緊張していましたが、チョコはなんとか僕になついてくれたようです。今となっては、家に帰ると家族全員すでに寝ていて、迎えてくれるのはチョコだけという始末に(笑)。僕が玄関のドアを開けると、短い尻尾を左右にチョコマカ振って、飛びついてこようとするのだから可愛らしいものです。遊んでもらえる相手が帰ってきて、素直に嬉しいのでしょう。

犬がそうであるように、馬の感情も尻尾の動きに表れます。とはいえ、馬が尻尾を振っているからといって、決して喜んでいるわけではありません。むしろ、何か気になることがあるからこそ、尻尾を振っていることが多いのです。パドックを歩いている馬の尻尾が左右に何度も振られている場合、その馬はこれから行われるレースに対して集中できていないと解釈することができます。感情の乱れが、尻尾を繰り返し振るという行為として体現されてしまうのです。

それとは別に、牝馬がフケ（発情）になっている場合も尻尾を振る仕草が目立つようになります。何か気になるところがあるからなのか、それともフケなのか、見分けがつきにくいのはたしかですが、牝馬がパドックで尻尾を頻繁に振っているようであれば、いずれにしてもレースに行っての好走はあまり望めないということになります。

このように、尻尾を振る動き自体はマイナス要素として考えられますが、ひとつだけ例外もあります。夏の競馬場のパドックにて、ハエやアブを追い払うために馬が尻尾を振っている動きは問題とはなりません。

尻尾について今でも覚えていることがあります。２０１０年の秋華賞のパドックにて、サンテミリオンの歩く姿が気になって仕方ありませんでした。落ち着き払って歩くアパパネと比べ、サンテミリオンはしきりに尻尾を振って歩いていたのです。サンテミリオンに本命を打っていた僕は、京都競馬場のパドックで一人冷や汗を流していました。アパパネとオークス1着同着以来ブッツケ本番の出走だけに馬が仕上がっていなかったのでしょうか、それとも初めての長距離輸送がこたえたのでしょうか。もしかすると、フケが出ているのかもしれないとも僕は思いました。フケは春に出やすいのですが、1年中出る牝馬もいますし、定期的に出てしまう牝馬もいます。あらゆるマイナス要素が頭に浮かんできて、絶望的な気持ちになったのです。

案の定、サンテミリオンは大きく出遅れ、他の馬の走るペースに全くついていくことができず、最後の直線に向いて巻き返すどころか、ズルズルと後退してしまいました。G1レースで自分が本命を打った馬が、これだけ大きく凡走をするのは久しぶりのことでした。サンテミリオンは競馬をする状態にはなかったということです。オークスで激走した反動？　初めての長距離輸送がこたえた？　もしかするとフケも出ていた？　などなど。ありとあらゆる理由が絡み合っての凡走であったのでしょう。そうでなければ、あそこまで大きく負けたりはしません。

馬の感情は尻尾にも表れます。気持ちが安定しているときは、尻尾の動きにも無駄がありません。左右に大きく振り回されたり、変な動きをしたりもしません。もし尻尾を必要以上に動かしている馬を見つけたら、体調が良くなかったり、どこか痛いところがあったりして、レースに集中できない（走りたくない）のかもしれないと疑ってみてください。言葉が話せない馬たちは、尻尾を振ることによって、それを表現しているのです。馬の精神面を読み解くためには、僕たちは尻尾の動きにも注目するべきなのです。

甘える仕草

僕とビリーとの別れは突然にやってきました。アメリカに来てあっという間に1年が経ち、そろそろ日本に戻らなければならない日が近づいていたのです。正確に言うと、僕にとってはだいぶ前から分かっていたことですが、ビリーには打ち明けられずにいました。競馬場に行けば、ビリーやその仲間たちは、まるで僕が永遠にそこにいるかのように接してくれましたし、僕もこの空間にずっといたいと願ったこともありました。違う国で生まれ育ち、社会的なバックグラウンドも全く異なる僕たちが、同じ競馬を見て一緒に興奮して感動する。そこには競馬の原点のようなものがありました。それでも、やはり僕は日本に帰らなければならなかったのです。

「I gotta go.」（行かなければ……）

僕はついに切り出しました。間髪入れずに、「To where?」（どこに？）とビリーは返してきました。

「Japan.」（日本へ）

僕が答えると、長い沈黙が流れました。しばらくして、ビリーは僕の目を見ながら、「I miss you.」（君がいなくなると寂しいよ）と言ってくれました。僕も無意識のうちに、「I miss you, too.」と言葉が出ました。

まるで英語の教科書に出てくるような青臭いやり取りですが、僕にとっては、つい先ほどのことのように鮮明に思い出せるシーンです。言葉と言葉の間（ま）から、あのときのビリーの表情まで。四半世紀以上経った今でも、地球上のどこにいても、僕の頭の中で再生できます。

ビリーからはたくさんのことを学びました。「パドックでは馬の身体ではなく心を見よ」という教えは、僕の中に深く染み入りました。パドックの見方が180度変わったと言っても過言ではありません。ビリーが伝えたかったことは、パドックという場所で僕たちに分かることは、その馬の競馬（レース）に向かうにあたっての精神状態だということ。パドックで僕たちは馬の発するメッセージを読み取らなければならない。そのためには、馬の行動や仕草がどういう意味を持つのかを知っておかなければならないのです。

「あの馬を見てごらん、ほら、厩務員に甘えているだろう」とビリーがつぶやきました。僕はビリーが目線を送った先の馬を見ました。黒鹿毛の牝馬が、厩務員にもたれかかるようにして歩いていました。体は真っすぐに歩いていても、首はずっと厩務員の方を向きっ放し。よほど厩務員と仲が良いのだろうと思っていると、「いつになく甘えている仕草をみると、今日は体調が優れないのか、競走に気持ちが向いていないね」とビリーは言い切ったのです。

その言葉を聞いた瞬間、1頭の黒鹿毛の牝馬がパドックを歩いているシーンがフラッシュバックしました。１９９５年有馬記念のパドック。一線級の牡馬を差し置いて1番人気に支持され、僕の大本命であり大ファンでもあったヒシアマゾンは、厩務員の小泉さんに妙に甘える仕草で歩いていました。アマゾネスと呼ばれた馬らしからぬ姿でした。歴戦の古馬たちに囲まれていたからこそ、余計にそう映ったのかもしれません。もうすでに馬券を買っていた僕は、漠然とした不安を抱えながらも、その仕草を牝馬らしいと解釈することにしました。

僕はヒシアマゾンだけを見ていました。しかし、結果は凡走。スタートして1周目のスタンド前を走るヒシアマゾンの目はうつろに映りました。前走のジャパンカップでドイツの強豪ランドを最後方から追い込んだことで、力を出し尽くしてしまっていたのかもしれません。彼女は有馬記念のパドックから僕たちにメッセージを送ってくれていたのです。あのときは分かりませんでしたが、今ならば分かります。分かってあげられると思います。それでも、たとえ未来が分かっていたとしても、僕は彼女の単勝を買ってしまうのですけどね。

第2章　馬体を見る

パッと見る

ビリーは「パドックでは馬の身体ではなく心を見よ」としつこく僕に言いましたが、馬体を全く見ないというわけではありませんでした。彼が言いたかったのは、パドックにおいて最も重要なのは馬の精神状態ということであって、馬体を見ることに全く意味がないということではありません。ゼロか100かという話ではなく、たとえば心が80で身体が20というようなバランスで見ることが大切だということです。

馬体に関してビリーが繰り返し言っていたのは、〝パッと見る〟ということです。分かりやすく解釈すると、部分を見るのではなく、全体を見るということですね。どこかを集中的に見るのではなく、いくつかの要素を複合的、多面的に見るべきということ。ビリーの伝えたいニュアンスは分かりますし、僕も今はそのとおりだと思っています。ただあの当時は何でも貪欲に学んでやろう、ビリーから吸収して帰りたいという気持ちが強すぎて、あまりにも抽象的なことを言うビリーにしびれを切らし、「どうすれば、馬体の良し悪しを見分けることができるのですか？」

と質問したことがありました。僕としては、もっと詳しく教えてくれよと単刀直入に切り込んだつもりでしたが、そんな僕の気持ちを察したのかそうではなかったのか分かりませんが、ビリーはこう返してきたのです。

「勘だよ、勘」

馬体を見る上での「勘」の正体

それ以降、僕は二度と馬体の見方についてビリーに尋ねることはしませんでした。あきらめたのではなく、〝パッと見る〟もしくは〝勘〟としか返ってこないということは、それ以上の答えは自分で見つけるしかないと悟ったのです。僕は〝勘〟の正体を探すことにしました。言語化しなければ誰かに伝えることはできませんから、僕の仕事として、ビリーの言う〝勘〟を分析して、意味付けをしようと試みたのです。

結論として、馬を見るビリーの〝勘〟とは、ある思考プロセスを経た無意識の評価のことに他なりませんでした。ビリーのような馬を見る天才にしてみれば、無意識で行っていることですから、ある思考プロセスを経ているという意識はないかもしれません。また、あまりにも一瞬に判断できるため、本人にとっては〝勘〟のようなものでしかないでしょう。しかし、馬を見る天才も、必ずある思考プロセスを経て、馬体の評価を行っているのです。

その思考プロセスを真似ることによって、僕たちは馬を見る天才と同じ馬の見方ができるようになります。馬を見る天才が無意識に行っている馬体評価の思考プロセスを借りてきて、意識的に馬体の評価をするという訓練を繰り返すのです。最初のうちは、ぎこちなさが伴い、判断ミスを犯すこともあるかもしれませんが、次第に、あたかも自分の頭で考えているような感覚が芽生えてくるでしょう。そして、いつの間にか、あなたも一瞬にして、馬の馬体を適切に評価することが無意識のうちにできているはずなのです。

馬を見る天才の思考プロセスとは、実はわずか5つのポイントを辿って馬体を評価しているにすぎません。その5つのポイントを視覚的に意識しやすくするために、スター（☆）の形をとった「スター☆馬体チェック法」を考案してみました。馬を見る天才は、「胴体」、「バランス」、「毛艶」、「メリハリ」、「目、顔つき」の5つのポイントを無意識のうちにチェックしながら、その馬が走れる体調・状態にある馬体かどうかを選別し、馬券の予想にも役立てているのです。

スター☆馬体チェック法

①胴体
②バランス
③毛艶
④メリハリ
⑤目・顔つき

（一口馬主ＤＢ提供）

胴体

まずは、5つのポイントのひとつである①「胴体」から順に説明していきます。パドックにおいて「胴体」、つまり胴部をどう見るかというと（シャレではありません）、その長さと厚さを見ます。よく言われることですが、胴部が厚くて短い馬が短距離向き、薄くて長い馬が長距離向きであるという考え方は基本的には正しいです。厚い薄いというのは、馬体（胴体）の幅のことであり、短い長いというのは馬の体長（胸から尻の先までの長さ）のことです。マッチョでズングリムックリしているのが短距離馬で、ヒョロっとしてスマートなのが長距離馬と言えば分かりやすいでしょうか。

もちろん、各馬には個体差がありますので、短距離馬がみなマッチョでズングリムックリ、長距離馬がみなヒョロっとしてスマートということではありません。距離適性には気性面の影響も大きいのですが、各馬の馬体（胴体）を総体的に見ると、そういう傾向があるということです。そのため、胴体を見れば、ある程度の距離適性は分かります。

分かりやすいように、かなり極端に平面で表すと、典型的な短距離馬の胴体は次頁図1、典型的な長距離馬の胴体は次頁図2のようになります。

つまり、胴体を真横から見て、全体のバランスの中で胴の短い馬だなと思ったら短距離馬であり、長い馬だなと思ったら長距離馬です。さらに、胴体を正面から見て、胴の幅が厚い馬だなと思ったら短距離馬であり、薄い馬だなと思ったら長距離馬です。パッと見た胴体の長さ（体長）と幅をもとにして、どのくらいの距離を得意とするのか（しそうか）を見分けることになります。

（図１）典型的な短距離馬の胴体

厚い

（図２）典型的な長距離馬の胴体

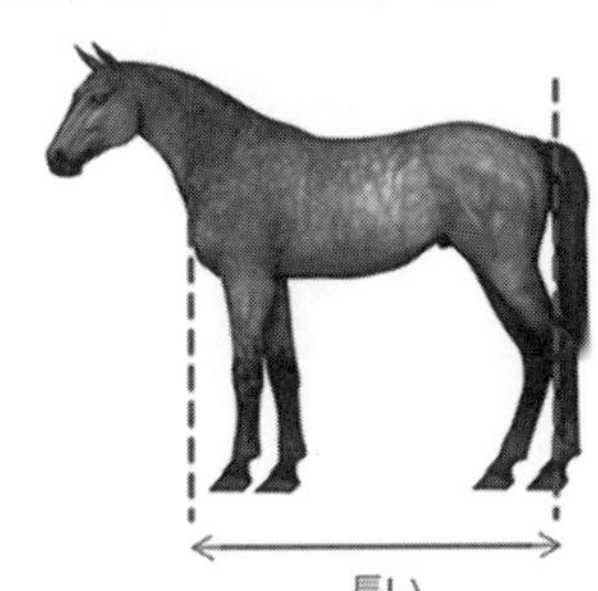

（一口馬主ＤＢ提供）

短距離戦のパドックにて、胴部が長くて、幅が薄い馬が歩いていれば、もう少し距離があった方がこの馬の良さ（肉体的な長所）が生きそうだなと思うこともありますし、一方で長距離レースのパドックにて、胴部がずんぐりと詰まって、幅が分厚い馬体の馬を見ると、果たして距離はもつのかなと心配になったりします。もちろん、胴部だけで判断するのは早計ですが、あまりにも適性が合っていない場合はパドックでは消しという材料になります。

パドックで胴部を見るとき、最も着目するのは腹回りです。腹回りに余分な肉が付いていないかどうか、逆に腹回りが巻き上がっていないかをチェックします。腹構えの判断はとても難しいのですが、ある一定の許容範囲を超えた場合にのみ、太目残りもしくは腹回りが寂しいと見ています。その馬が走る条件によっても腹回りは違って良いです。たとえば、ダートを主戦場とする馬であれば、多少の腹回りの太さはパワーにつながることがありますので大目に見て良いでしょう。逆に長距離戦を走ろうとするステイヤーであれば、腹回りが切れ上がってギリギリに映るぐらい仕上げられていた方が安心できます。

また、胴部にあばらが浮いていると仕上がりは良いと考えます。余計な肉が削ぎ落されていくと、皮膚が薄くなって、胴部の横に3、4本あばら骨がうっすらと見えることがあります。人間であればシックスパックになるようなものですね。ちなみに自慢ではありませんが、僕が学生時代に野球をやっていた頃は見事なシックスパックでした。プロ野球選手を夢見ていて、当時のプロ野球選手は身長170cm以上、体重70kg以上が当たり前だったのですが、食べても食べても体重が60kgを超えなくて苦労した思い出があります。あれから30年の歳月が流れ、今となってはあっさり70kgを超え、あばらは見えなくなり、お腹もワンパックになってしまいました（笑）。冗談はこのあたりにして、パドックでは胴部におけるあばらの浮き上がり具合も参考にしながら、仕上がりを見極めるのです。

バランス

スター☆馬体チェック法の②「バランス」とは、馬体全体をひとつのシルエットとして見たときの、「体長」、「体高」、「背中（腰）の角度」、「前躯と後躯の発達（大きさ）」、「首の長さ、太さ」などのプロポーション（比率）のことです。プロポーションについては拙著「馬体は語る」にも書いたことですが、同じことはパドックにおける馬体の見方にも当てはまりますので、再掲させてもらいますね。

プロポーションを視覚的に判断するために、馬を側面から見た四角形の区分を用いることがあります。

たてがみの後ろ（鞍を置いたときはその少し前方）にある、背中の線のいちばん高いところをき甲といい、そこから地面までの高さを体高（たいこう）といいます。体高とは人間で言うところの身長であり、背が高い馬とは体高がある馬ということです。

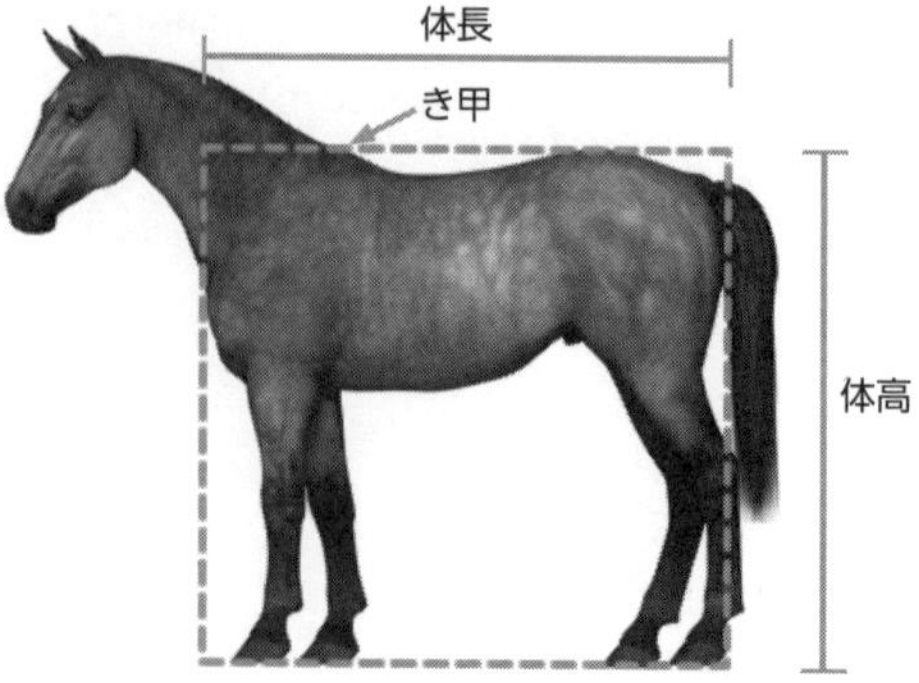

（一口馬主ＤＢ提供）

首の下にある胴体の前縁が胸前（むなまえ）で、胴体の最後部の尻の縁が臀端（しりさき）といい、胸前から臀端までの長さを体長といいます。体長がある馬とは、馬体の前から後ろまでが長い馬ということです。

き甲から水平に線を引き、胸前と臀端からそれぞれ垂直に線を下してみましょう。そうすると、馬の胴体は四角形の中に収まることが分かりますね。この四角形は馬の体高と体長

高方形馬
縦長の長方形タイプ

低方形馬
横長の長方形タイプ

数値は体長：体高比　　（一口馬主ＤＢ提供）

を辺として構成されています。最も簡単なプロポーションの見方は、この四角形を頭の中でイメージしてみるということです。

ここでできた上がった四角形を見てみると、ほとんどの馬は正方形、もしくはそれに極めて近い形になることが分かります。つまり、多くのサラブレッドは体高と体長がほぼ等しい。手脚が長い馬は胴部にも長さがあり、その逆もまた然りで、バランスが取れているのです。

もちろん、そうではない馬もいます。たとえば、（こちらはあまり見かけませんが）手脚が長くて胴部が短い、つまり体高が体長よりも長い馬を高方形馬と言います。対して、手脚が短くて胴部が長い、つまり体高よりも体長が長

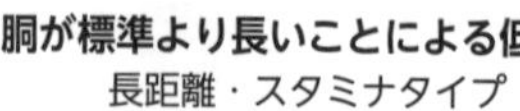

胴が標準より長いことによる低方形
長距離・スタミナタイプ

脚が標準より短いことによる低方形
短距離・パワータイプ

体長：体高比は２頭とも同一　　（一口馬主ＤＢ提供）

い馬を低方形馬と言います。

それでは、この四角形を用いて何が分かるかというと、その馬のタイプです。体高の方が体長よりも長い高方形の馬は動作が軽くて、スピードが出やすいと考えていいでしょう。対して、低方形の馬、つまり体高よりも体長が長い馬は力強さやパワーに優っていると考えます。極端なたとえを挙げると、ばん馬にはスピードよりも圧倒的なパワーが求められるため、骨組みのテコの長さが短く、体高が体長よりもはるかに短い低方形につくられているのです。胸や腰の幅が広くて、どっしりとした重量を感じさせる、軽快さよりも力強さが前面に出ているプロポーションです。

脚が短く、重心が低い、低方形であることは短距離馬の特

尻高馬
体高よりも尻高が高い馬

前高馬
尻高よりも体高が高い馬

（一口馬主ＤＢ提供）

徴だとされていますが、胴部が長いことで、低方形に見える馬もいます。手脚は標準的な長さであっても、胴部が長いために、全体としては重心が低く映ってしまうということです。たとえば、長距離を得意とする馬が多いハーツクライ産駒にはこうした低方形の馬がいるので注意した方がいいですね。同じ低方形馬でも、手脚が短くて重心が低いパワータイプの短距離馬なのか、それとも胴部に長さがあってスタミナに富んだタイプの長距離馬なのか、筋肉のつき方などを考慮しながら、僕たちは見極めなければいけません。

次に、き甲から後ろへ背のラインを辿っていくと、鞍を置く部分が低くなり、再び尻にかけて高くなっていきます。尻のいちばん高いところから地面までの距離を尻高（しりだか）といい、基本的に体高と尻高は同じ高さになります。

前勝ち
前駆が後躯よりも発達

トモ勝ち
後駆が前躯よりも発達

（一口馬主ＤＢ提供）

ところが、明らかに体高よりも尻高が高い馬、または尻高よりも体高が高い馬がいます。前者を尻高馬、後者を前高馬といいます。一般的に、尻高馬には一瞬のスピードに優れた短距離馬、前高馬には持久力のある長距離馬が多いとされています。尻の方が高いと、前躯が疲労しやすく、長い距離を走り続けることが難しいからです。

「前躯と後躯の発達」については、馬体を3つに分断してみると分かりやすいです。き甲から地面に垂直に線を引き、そこから胸前までを前躯とします。そして、腰角（ようかく・こしかど）から地面に垂線を引き、そこから尻端までを後躯とします。その間が中躯です。前躯が後躯よりも大きく発達して、たくましく見えるときは前勝ち、逆に後躯が前駆よりも大きく、発達して映るときはトモ勝ちと言います。

大ざっぱに区分すると、ダートは前肢で砂をかき込むようにして走る必要がありますので、前駆が強い前勝ち馬が多く、芝は道中で溜めたパワーを最後の直線で絶対的なスピードに転換するためのキック力が求められるため、後躯が強いトモ勝ち馬が有利です。また、前駆が発達している馬は先行力があり、後躯が力強い馬は道中でペースが上がっても遅れることなくついて行くことができます。

もちろん、前躯も後躯もバランス良く充実していることが望ましいのですが、どちらかに偏って発達しているとすれば、ダートで走るかもしれない、芝でこそ良さが生きるかもしれない、またはは先行すると良い馬かも、ハイペースで追い込んだ方がチャンスはあるかもと想像し、期待しても良いということです。逆に、後躯が弱くて芝の上がりの速いレースに全く対応できなかったり、前躯の発達が足りなくてレースの前半からついて行けなかったり、という心配も生まれるかもしれません。

「首の長さ、太さ」については、サラブレッドが走るために、首は重要な役割を担っています。

馬は首を使って走るため、全力疾走後の馬の首の疲労は大変なものです。首の使い方が上手ければ、それだけ疲労も少ないのです。首と頭を加えた重量は、なんと100kg以上(体重の約20%)を占めます。そのバランスがいかに走りに大きな影響を与えるかは想像がつきますね。

長くて、筋肉が良く発達し、輪切りにしたときの切り口が長い卵型に見えるような(薄っぺらではない)首が理想的です。首が長ければ、走っているときにそれだけ重心を大きく移動させることができ、歩幅も大きくなり、速さを生み出すことができます。長い首を上手く使って走ることができると、効率の良い走りができるということです。

首の太さと長さは、その馬の体型と関係してくるため、距離適性を測るための材料にもなります。胴が分厚い馬体には、肉体の構造上、しっかりとした太い首が付いているのが自然です。その逆もまた然り。直感的にお分かりいただけるはずですが、マッチョでズングリムックリしている馬の首は短くて太く、ヒョロっとしてスマートな馬の首は長くて細いのです。あまりにも首が太くて短い馬は、無駄な力が入り、消耗しやすく、距離が長くなると息がもたなくなってしまい

短く太い首
短距離向き

細く長い首
長距離向き

（一口馬主ＤＢ提供）

ます。つまり、短距離に適性のある馬の首は短くて太く、長距離に適性のある馬の首は長くて細いということです。

馬体をシルエットとして観察する際に、ここまで説明してきた以下の４点のプロポーション（比率）をチェックするのが、「バランス」の意味です。

「体長」と「体高」
「背中（腰）の角度」
「前躯と後躯の発達（大きさ）」
「首の長さ、太さ」

馬一頭一頭の個性（個体の特徴）として、このバランスは異なっていて当然であり、たとえば胴体は長いのに脚は短い馬や、首が太くて、長い馬もいるはずです。また、同じ馬でも、その時々によって、馬体のバランスは異なってきます。前走では理想的な背中（腰）の角度を保っていた馬が、今回はなぜか腹が巻き上がったように傾斜がきつく見えるということもあるでしょう。過去のシルエットを頭にインプットしておくことによって、その馬の今の状態を過去の状態と比較して把握することもできるのです。

ここで大切なことは、「バランス」を見るということです。パドックにおいて、馬体全体の「バランス」をパッと見て、その馬の肉体的な特徴がどういったものかを把握すること。どれぐらいの距離がベストで、どれぐらいの距離までもって、どのような馬場を得意とするのか。これだけのことが、たった4点（「体長」と「体高」、「背中（腰）の角度」、「前躯と後躯の発達」、「首の長さと太さ」）をパッと見るだけで、大まかにイメージできるのです。

毛艶

スター☆馬体チェック法③の「毛艶」は、馬の内臓の状態を映し出す鏡のようなものです。内臓の状態がよければ、毛艶はピカピカに輝き、疲労から内臓に問題のある馬の毛艶はくすんでしまいます。ブラッシングをすれば、ある程度取り繕うことはできますが、滲み出てくるような毛艶の良さは、やはり内臓の状態が良くないと表れてきません。目に見えない内臓面の疲れも、意外と毛艶を通して伝わってくることは多いのです。さらに、毛艶が良いということは、皮膚が薄いことにもつながります。皮膚が薄い馬は、総じて馬体が柔らかく、伸びのある走りをすることができるのです。

鹿毛、黒鹿毛、栗毛、青毛といった普通の毛色の馬であれば、パッと見た瞬間に毛艶を見分けることができます。しかし、こと芦毛の馬に限っては、白毛が差し毛のように混じって入っているため、毛艶の良し悪しを見分けることが非常に難しいです。皮膚の滑らかさや光具合から、毛艶を判断するのが難しいのです。そこで、芦毛の馬の毛艶については、いつもより黒く見えるかどうかという見方をします。芦毛にも白さの度合いがありますので、他の馬と比べて黒く見えるかどうかではなく、1頭の馬を見るときに、いつもと比べて黒く見えたときは毛艶が良いということです。毛艶の良い好調時は、地肌の黒色が浮かび上がって見えるのです。

また、サラブレッドは冬場になると冬毛が伸びるため、どうしても時期的に毛艶が悪く見えてしまうことは仕方がありません。しかし、レースを間近に控えた馬が、あまりにも毛艶が悪いのはいただけません。冬毛が生えてきて毛艶が冴えないのは、内臓が休眠状態に入っているということを意味するからです。内臓機能が優れていて、新陳代謝が活発な馬ならば、冬でもほとんど冬毛が生えることなく毛艶が悪くなることはありません。あのサクラローレルが、冬場でもピカピカに毛艶を輝かせていたのは有名な話です。

つまり、どんな時期でも、毛艶の良い馬＝体調も良いということです。いつもピカピカに毛艶が輝いている必要はありませんが、毛艶が悪いということは、体調が悪いか、どこかに問題があるということになります。毛艶は馬の内臓の状態を映し出す鏡であり、決して嘘をつきません。

厩舎サイドが絶好調とコメントしても、毛艶が悪いようであれば疑ってかかった方が得策です。

サイレンススズカを管理した橋田満元調教師は、パドックにおける同馬の毛艶についてこう語っていました。

「毛ヅヤなんかはほんとよく見せますよ。皮膚が薄いですからね。今なんかもうピカピカですよ。金鯱賞のときなどは、それこそ金色に輝いて見えましたからね。そこらへんがサイレンススズカの体調を測る目安になるのではないかと思います」

（「優駿」１９９８年10月号　関係者が好不調の目安を教える　秋のＧ１有力馬　パドック・返し馬の特徴より）

メリハリ

スター☆馬体チェック法④の「メリハリ」とは、筋肉のつき方のことです。しっかりとした調教を積んで、走れる状態にあれば、自然と馬体にもメリハリが出てくるものです。また、幼い馬体だった馬が、その成長過程において、メリハリのついた完成形に変化することもあります。つまり、たとえ同じ馬でも、その時々の仕上がり状態や完成度によって、馬体のメリハリは変わってくるということです。

このように、「メリハリ」を見ることによって、その馬の筋肉の発達度合いと、仕上がりの良し悪しが分かります。2歳戦などの若駒のレースでは、まだノッペリとした馬体の馬もチラホラ見られますが、古馬ともなれば、それなりに完成された馬体を誇る馬がほとんどになります。また、条件戦では余裕のあるつくりであった馬が、グレードレース、そしてG1レースともなればきっちりと仕上げられ、メリハリの利いた馬体で登場します。

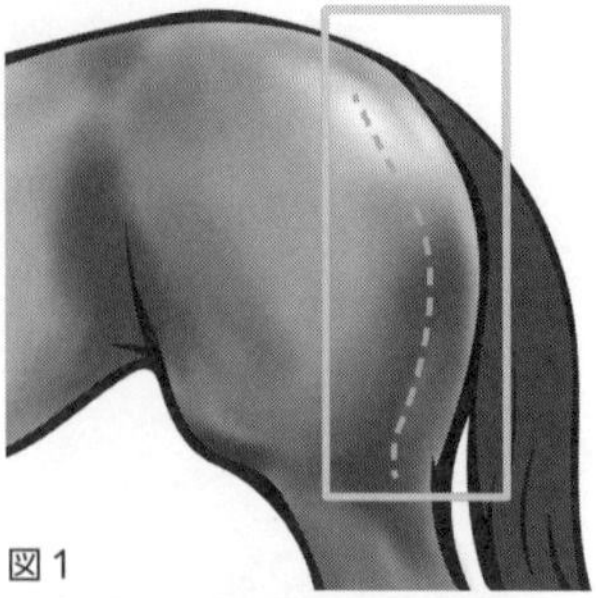

図1

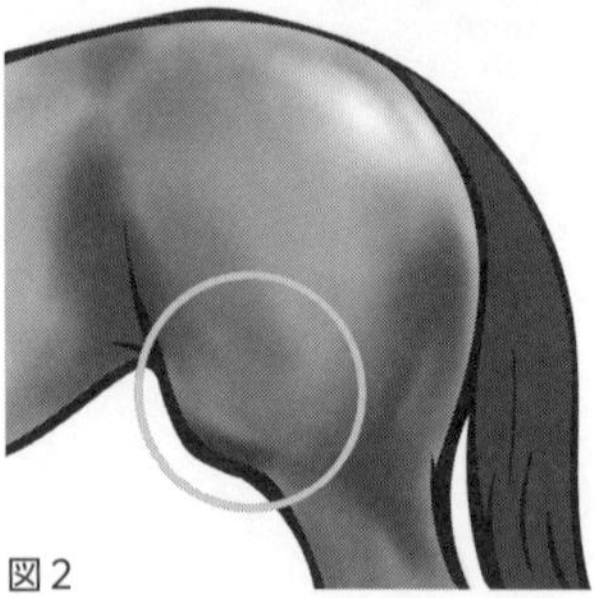

図2

たとえば、トモ（後肢）の筋肉が発達してメリハリがついてくると、ヒップライン

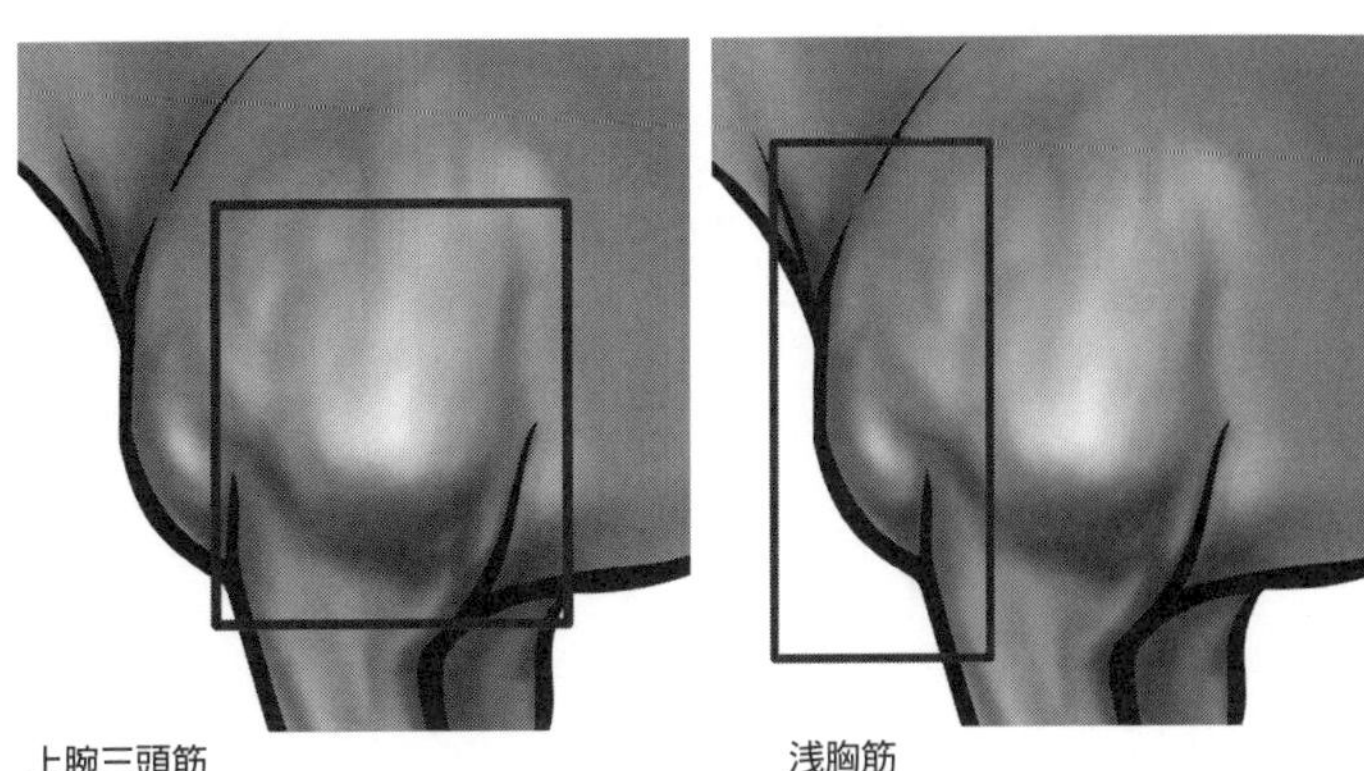

上腕三頭筋　浅胸筋

に沿って縦の線が入ってくるのが分かりますし（図1）、内ヨロがポコッと発達して塊のように映るようになります（図2）。

前躯の上腕三頭筋が発達してくると、ポコッと瘤のように盛り上がってきますし、浅胸筋が発達してくると厚さとメリハリが出てくるのが分かるはずです。

といっても、馬体のメリハリにも個体の特徴があるため、メリハリがあればあるほど良いということでは決してありません。筋肉質でゴツゴツした馬もいれば、柔らかい筋肉をしなやかに隆起させる馬もいます。実際に、あのディープインパクトはそれほどメリハリの利いた馬体を誇る馬ではありませんでした。ディープインパクトは、筋肉の量ではなく質で走った馬です（もちろんそれだけではありませんが）。メリハリを見ることを突き詰めていくと、その馬がどのような筋肉の質なのかということまで分かるようになりますが、そこまで分からずとも、この馬はこういう肉体的な特徴があって、前回や前々回と比べると仕上がりが良さそうだとか、馬体が成長してきたとか、「メリハリ」をパッと見ることによって見分けることができるようになるのです。

最後に、⑤の「目、顔つき」は、馬体というよりは馬の性格や精神状態が表れる部分ですが、5つめのポイントとしてキリが良いため、便宜上入れさせてもらいました(笑)。前章で詳しく説明したとおり、馬の目つきや表情、耳や口の動きなどから、僕たちはサラブレッドの喜怒哀楽をうかがい知ることができるのです。

大事なことは、ここに挙げた5つのポイントに沿って馬体をチェックしていくことではなく、パッと見ることです。スター☆馬体チェック法は、あくまでも馬を見る天才の無意識を、あえて意識化してみたにすぎません。実際にはビリーは5つのポイントをひとつひとつ意識的にチェックしながら馬を見たりはしませんでした。そうではなく、全く逆の見方をしなければならないのです。

こんなたとえ話があります。魚の体について詳しく知りたいと思った人が、釣った魚を解剖してみることにしました。目、あご、歯、尾ひれ、背ひれ、尻尾、肺、心臓などなど、各部分（パーツ）に切り分けていったところ、目は目、あごはあご、歯は歯であることは分かったのですが、ついに魚は動かなくなってしまいました。あわてて元に戻してみたものの、もちろん魚は生き返ることなく死んでしまったのです。

馬の体についても同じことが言えます。全体を理解するために、部分（パーツ）に解剖（分解）してみても、結果としては全体を失ってしまうことになりかねません。たとえば馬体を腰椎、肩甲骨、前肢のつなぎ、臀端などと各部分（パーツ）に分解して見てしまうと、その時点で、馬体全体は死んでしまうのです。部分（パーツ）を見れば見るほど、全体は動きを失っていくのです。

馬体を見るには、意識的に全体を見なければならない。しつこいくらいにパッと見るということを強調してきたのは、そういう意味です。そんなことかと思われるかもしれませんが、馬体は決して部分（パーツ）を見るのではなく、全体をパッと見た瞬間の印象で判断しなければならないのです。とはいっても、最初から全体をパッと見た瞬間の印象で判断するのは難しい。だからこそ、スター☆馬体チェック法を使って、馬を見る天才の思考プロセスを意識的に真似る。そうして、いつの間にか馬体全体をパッと見た瞬間の印象で判断できるようになったとき、馬を見ることは、あなたにとって決して難しいことではなくなっているはずです。そして、そのとき、あなたはこう言うでしょう。

「勘だよ、勘」

馬体が大きいこと

ビリーに教えてもらったことを僕なりに解釈し、実際のパドックに当てはめ、自分なりに改善を加えてきたことを皆さまにお伝えしてきたつもりです。「パドックでは馬の身体ではなく心を見よ」、「馬体を見るときは「パッと見ること」。この2点は、初めてパドックを見る初心者からパドックに立ち続けて数十年といったベテランに至るまで、意識すべき大切なポイントであることは間違いありません。

しかし、最近になってようやく、僕はビリーが教えてくれなかったことに気づき始めました。わずか1年という短い期間でしたが、ビリーと僕は人種や国籍を超えて仲が良かったと思いますし、互いに信頼関係を築けていたと信じています。「I'll teach you all I know.」と言い、ビリーは惜しみなく競馬（特にパドック）に関する知識を僕に与えてくれました。それは事実です。ただひとつだけ、そんなビリーも教えてくれなかったことがありました。

それは「馬体が大きい馬を選ぶ」ということです。ビリーの教えどおりにパドックを見て、馬券を買っているつもりでも、多かれ少なかれ、ビリーとは見解の違いがありました。僕がAという馬はそれほど良く見えなかったのに、ビリーは意外にもAを狙っていたということが多々ありました。そして、その食い違いが生じた馬ほど、美味しい馬券になったりしたものです。僕はまだまだビリーの境地には達していないのだ、ビリーほどに馬を見る目がないのだと当時はあきらめていたのですが、そうではなかったのです。今よくよく思い返してみると、彼は馬体の大きな馬を意識的に狙っていたのではないかと思います。それこそが、ビリーと僕の唯一の大きな違いだったのです。

このことに気づいたのは、恥ずかしながら、最近になってからのことです。ある時期、自分では良く見える馬をきちんとピックアップできたつもりでも、それほど良く見えなかった馬に勝たれてしまったり、間を割られてしまったりしたケースが目立ちました。反省と復習を繰り返しているうちに気づいたのは、それらの激走馬たちは全て大型馬だったのです。パドックの雰囲気も馬体も良い馬たちが、簡単に大型馬に敗れてしまっていたのです。僕はピンと来ました。

馬体の大きさはパドックにおけるスパイスのようなものです。「パドックでは馬の身体ではなく心を見よ」、馬体を見るときは「パッと（直感的に）見ること」があくまでもベースにありつつ、最終的にレースの着順を左右して、馬券の当たり外れに影響を与えるのは、実は馬体の大きさだったりするのです。パドックにて得られる情報の中で、最も肝心なことをビリーは僕に教えてくれませんでした。それはビリーなりの愛情だったのかもしれません。全てを与えられるのではなく、試行錯誤しながら、自分で気づいてほしいと願ったのではないでしょうか。

現実的な話をすると、馬体が大きい馬、つまり馬体重が重い馬の方が軽い馬に比べて勝率も連対率も高いというデータがあります（次頁参照）。明らかな有意差があるので、紛れもない事実だと考えて良いでしょう。ダート戦だけではなく、芝のレースでも同じ傾向があります。ただ、個人的な経験に基づいて考えてみると、やはり芝よりもダート戦の方が馬体重の重い馬の方が走る傾向は明らかです。芝のレースは距離やコース、馬場の重い・軽いなどによって適性は大きく変化するため、それほど単純ではありません。ダート戦が分かりやすいのは、基本的にはどのレースにおいてもまずパワーが問われるからです。

馬体が大きいことと馬体重が重いことは、ほぼ同義だと考えてください。馬体の大きさを見極めたり、比較したりするときに、馬体重という数字が極めて分かりやすい指標となるということです。もちろん、全くトレーニングができていなくてブヨブヨの馬体で出走してきた５００ｋｇの馬ときっちりと絞り込んできた４９５ｋｇの馬では後者の方が馬体は大きいはずです。ただそ

■馬体重別成績（芝）

2018年から2023年8月13日まで

馬体重	着別度数	勝率	連対率	単勝回収率
～399kg	40-57-68-1509/1674	2.4%	5.8%	27%
400～419kg	295-300-351-5600/6546	4.5%	9.1%	61%
420～439kg	993-1139-1160-14278/17570	5.7%	12.1%	63%
440～459kg	2064-2163-2185-22248/28660	7.2%	14.7%	73%
460～479kg	2531-2552-2531-24903/32517	7.8%	15.6%	73%
480～499kg	2036-1925-1866-17747/23574	8.6%	16.8%	75%
500～519kg	1024-888-876-8495/11283	9.1%	16.9%	86%
520～539kg	295-213-225-2553/3286	9.0%	15.5%	81%
540kg～	47-64-56-577/744	6.3%	14.9%	66%

■馬体重別成績（ダート）

2018年から2023年8月13日まで

馬体重	着別度数	勝率	連対率	単勝回収率
～399kg	2-2-7-477/488	0.4%	0.8%	15%
400～419kg	69-80-115-2598/2862	2.4%	5.2%	40%
420～439kg	431-574-572-8994/10571	4.1%	9.5%	52%
440～459kg	1392-1487-1568-19052/23499	5.9%	12.3%	65%
460～479kg	2499-2503-2462-27492/34956	7.1%	14.3%	76%
480～499kg	2514-2493-2438-24864/32309	7.8%	15.5%	75%
500～519kg	1637-1520-1511-14960/19628	8.3%	16.1%	76%
520～539kg	694-608-624-5929/7855	8.8%	16.6%	77%
540kg～	220-176-142-1833/2371	9.3%	16.7%	82%

■馬体重別成績（芝とダート）

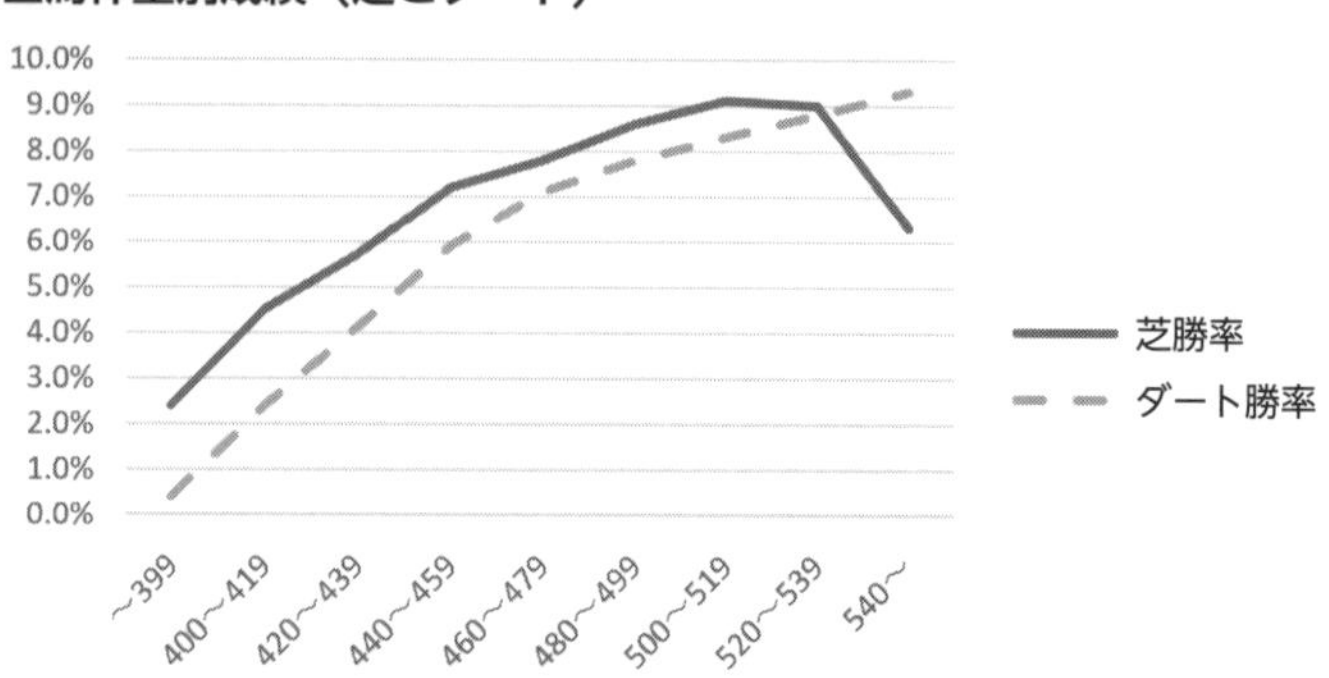

れを言い出すとキリがありませんし、レースに出走してくる以上は、ある程度、調教を施されて、走れる状態に仕上げられてきたという前提で、馬体重を馬体の大きさを知るための目安とするということです。

アメリカの競馬場では馬体重は発表されていませんでしたので、ビリーはそれぞれの馬の馬体を見て、大きさを比較していたのだと思います。それに比べると、僕たちはどこの競馬場に行っても馬体重を知ることができ、簡単に馬体の大きさを比較することができます。これを利用しない手はありませんね。

馬体が大きいことにはメリットがあります。ひとつは肉体的なパワーがあるということ。ボクシングなどの格闘技で体重別に階級が分かれているのは、体重とパワーの間に密接な関係があるからです。重さはパワーと考えても良いぐらいです。ダート戦のように重い馬場であれば、前に進むためにはどうしても身体的なパワーが必要になります。また、競馬は格闘技と言われることもあるように、実際のレースでは各馬はぶつかったりぶつけられたりしながら走り、馬群の中ではおしくら饅頭のように揉まれることもあります。馬体の小さい馬は当たり負けして、それだけで消耗してしまいます。

もうひとつ、馬体が大きいことはフットワークが大きいことにつながります。馬体重が重いといっても、横にだけ大きい（幅がある）馬は少し違うのですが、横から見たときの面積が大きい（背が高くて、胴部に伸びがあり、手肢も長い）馬も必然的に馬体重は重くなります。たとえば、キタサンブラックは引退時の有馬記念は５４０ｋｇの馬体重でした。馬体の幅自体は薄いのですが、背が高く（体高１７２ｃｍ）、胴部には伸びがあって、手肢のスラリと長い馬体を誇る馬でした。このような馬体の馬は一完歩ごとのフットワークが必然的に大きくなり、馬体の小さい馬と比べて、前へと進みやすくなります。

さらに、馬体が大きい馬はエンジンも大きいということです。馬の胸の部分には肺や心臓といったエンジンが収容されています。肺や心臓が大きいからこそ胸も大きいのか、胸が大きいから肺や心臓も大きくなるのか、どちらが先かというと難しいのですが、いずれにしても、胸の大きさはそのまま肺や心臓の大きさを示しています。胸の大きさから、どれだけのエンジンを搭載しているかが分かるということです。つまり、馬体が大きい馬は胸も当然のことながら大きく、搭載しているエンジンも大きいということですね。馬体が大きい馬が前に行くとなかなか止まらないのは、エンジンが大きいからなのです。

斤量を苦にしないこともメリットのひとつです。斤量が馬体重の12％を超えると馬にとってこたえるとされていますが、逆に言うと５００ｋｇ馬体重がある馬にとっては60ｋｇまでの斤量はこたえないということです。２０２３年から斤量の基礎重量が58ｋｇに引き上げられ、マイルチャンピオンシップやジャパンカップ、有馬記念など、これまで古馬牡馬が57ｋｇの斤量で行われていたG１レースも58ｋｇに変更になりました。現代の日本の牡馬の平均馬体重は４８０ｋｇとされていますから、12％の57・６ｋｇを超えると斤量がこたえる計算になります。つまり、平均の４８０ｋｇよりも小さい馬にとっては、58ｋｇという基礎重量への変更は不利に働く可能性があるということです。これからは中央競馬のレースでもますます大型馬にとって有利な流れは加速するはずです。

もちろん、脚元に不安が出やすかったりと、馬体の大きい馬なりのデメリットもありますが、いざレースで走ってしまえばメリットばかりだと言っても過言ではありません。馬体が大きいことは、競馬というスポーツにおいてもアドバンテージであることはたしかであり、にもかかわらず、小さい馬も大きな馬も同じ条件で走るのが競馬でもあるのです。

こんな単純なことに、競馬を始めてから四半世紀が経ってようやく気づいたのですから、どれだけ漫然とパドックを見てきたのだろうかと、自分の鈍感さに残念な気持ちになります。

精神状態が優れていて、馬体も良く、馬体の大きな（馬格のある）馬であればベストです。迷わず本命にしてください。難しいのは、パドックの雰囲気は良いけれど馬格がない馬と、馬格はあるけれど精神状態の悪い馬のどちらを取るかです。個人的には前者を選ぶことが多いのですが、結果的には後者の馬が馬券内に来ることも多いです。それぐらい馬体が大きいことが、特にダート戦のようなパワーを問われるレースにおいては優位性を持つのです。

不良馬場は馬体が大きいと走りにくい

ただし、ダート戦で不良馬場になったときは、大型馬優位が完全に逆転します。ここでいうダートの不良馬場とは、当日、雨が降り続いて、砂の上に水が浮いているような状態の馬場を指します。多少の降雨であれば、ダートは水を吸って走りやすくなる程度ですが、傍目で水が浮いているような馬場になると、滑ってしまって非常に走りにくいのです。これは実際に水が浮いた馬場を走ってみないと分からないかもしれませんが、とにかく脚元のグリップが利かずに危険なぐらいです。

こうしたダートの不良馬場は巧拙がハッキリと分かれます。跳び（フットワーク）が大きい馬は脚を取られやすくなるため、本来の走りができなくなります。大型馬もその大きさゆえにバランスを崩しやすくなります。それ以外には、前を走る馬からいつもとは違う形のキックバック（砂ではなく泥の塊）が飛んできますので、後ろから行って馬群の中で走る馬にとってはいつも以上に厳しいレースを強いられることになります。不良馬場はただでさえ前が止まりにくいことに加え、後ろから行く馬が戦意を喪失してしまうことで、前に行かなければ勝負にならないレース展開になるのです。

同じことは、芝の不良馬場においても起こりえるのですが、近年は中央競馬の馬場の進化がすさまじく、排水設備が充実していますので、どれだけ雨が降ってもなかなか走りにくい馬場にはなりにくいのが現状です。当日、バケツをひっくり返したような量の降雨があって、ようやく芝の不良馬場が出現するぐらいです。それ以外の状況においては、あっという間に馬場が乾いてしまいますし、たとえ、やや重や重であっても、脚を取られて走りにくいという状況は発生しにくいのです。中央競馬のダート戦にも同じことが当てはまり、排水設備の良さのおかげで、水が浮くような馬場になることは年間通じてほとんどないでしょう。

ということは、地方競馬における水の浮くような不良馬場のときだけ、ゲームのルールが変わると考えてもらえば良いはずです。大型馬の優位性は失われ、むしろ脚元がおぼつかない馬場においては馬体の大きさはマイナスに働いてしまうことになります。馬場が凸凹なヨーロッパの競馬において、馬体の大きさが決してプラス材料にはならないことと根っこは同じです。たとえば、路面がつるつるして滑りやすい道路やアップダウンが激しく凸凹な山道で、大型トラックを運転することを想像してみてください。ハンドルが利きづらく、一度バランスを崩してしまうと立て直すのが難しく、ぶつかったり倒れたりしないようにコントロールするだけで精一杯、速く走るどころではないことが分かるでしょう。

よく誤解されているのは、ダートで道悪になると脚抜きが良くなることでパワーが要らなくなるから、馬体の小さい馬が有利になるという話です。間違ってはいないのですが、その論理を芝の道悪に当てはめてしまうと筋が通らなくなります。良馬場に比べて、芝の不良馬場はパワーを要するにもかかわらず、比較的馬体の小さい馬が活躍するのはおかしいと思いませんか。

たとえば、最近で言うと、2023年のフラワーカップは当日にかなり雨が降り、不良馬場で行われました。勝ったのは414kgと馬格のないエミュー、3着には424kgと小柄なパルクリチュードが入りました。なぜこのレースをよく覚えているかというと、僕の出資馬であるコココクレーターが後ろから差して5着に入ったからです。ココクレーターも422kgと小さな馬です。展開やポジションなど複雑な要素が絡み合っての結果ですが、パンパンの良馬場で行われていたとしたら同じ結果になっていたとは僕は思いません。

芝の不良馬場で小柄な馬が台頭するのは、パワーが問われるからではなく、滑ったり凸凹だったりして脚元がおぼつかない馬場では、大型馬の方がバランスを崩しやすいからです。この原理が理解できると、水が浮くダートや芝の不良馬場のような特殊な馬場において、狙うべき馬体のサイズが変わってくることが分かると思います。たとえば、重馬場で行われた2021年の大阪杯を422kgのレイパパレが逃げ切ったのも同じ原理です。

走りにくい不良馬場において、馬体が小さければ小さいほど良いかというとそうではありません。馬体が大きすぎる馬はそれがマイナスに作用してしまう可能性が高いということであり、標準サイズ（牝馬460kg~牡馬480kg）以下の馬格のない馬にもよりチャンスが生まれるという認識です。

いずれにしても、不良馬場の巧拙をパドックから見抜くのは至難の業です。あえて言うならば、馬体が大きすぎない、小型から標準サイズの馬が理想です。また、体全体を大きく使って歩くのではなく、一歩一歩力強くキビキビと歩く馬は不良馬場を得意とします。手脚がスラリと長い馬ではなく、比較的胴部が詰まって、手脚も短めの馬の方が道悪を苦手としない確率は高いはずです。さらに気性が激しく、パドックからイライラしているような馬は、レースに行ってキックバックを受けて戦意喪失し、走るのを止めてしまったりする可能性が高いですね。

それから、馬体が大きいことの数少ないデメリットのひとつとして、仕上がりの難しさや遅さがあります。大型馬のデビュー戦や休み明けは割引した方が良いのはここに理由があります。全ての馬が走らないということではありませんが、総体的に大型馬は小柄な馬に比べて仕上がりが遅い傾向にあります。きっちりと仕上がるのを待ってから新馬戦を使う厩舎は少ないと思いますので、どうしても大型馬のデビュー戦や休み明けは仕上がり途上の重め残りで出走してくることになりがちです。一度レースを使われたら、馬体も絞れてくるでしょうし、変わり身を見せる馬も多いので、２戦目以降は素直に狙ってみてください。

馬体重は調子のバロメーターでもある

馬体重の増減の話をしましょう。当日に発表された馬体重を見て、僕たちの気持ちは大きく揺さぶられます。大幅なプラス体重を見ると、「かなり太目残りの仕上げかも」と不安を感じ、大幅なマイナス体重を見ると、「きっちり仕上がってきた」と自信を深めたり、「減りすぎているかも。何かあったのかな」と心配になったり。パドックを見ていると、どうしても馬体重が目に入ってきてしまうだけに、その増減を無視するわけにはいきません。

ただ結論としては、当日の馬体重の増減はほとんど気にしなくて良いということです。なぜならば、馬体重の大幅な増減はプラスにもマイナスにも解釈することができるからです。たとえば当日のパドックで前走比＋14kgと示された馬がいた場合、太目残りが心配されるはずです。たしかに、急仕上げであったり、脚元に不安があって強い調教ができていなかったりして、仕上がり切らずに馬体が太い可能性があります。

しかし、前述したように、馬体の大きさ（≒馬体重の重さ）と競走成績に明確な相関関係があるということは、馬体重の大幅な増加は決してネガティブにばかり捉える必要はありません。なぜなら、そこには馬の成長分も含まれているからです。

対して、たとえば10kg減で出走してきた馬がいた場合、レースを使われたり、しっかりとした調教ができたことで馬体がきっちりと絞れてきた可能性があります。必ずしも、馬体の回復が遅れていたり、馬が飼い葉を食べなくて馬体が減ってしまったとは限らないのです。

馬の走速度（走る速さ）と馬体重の変化についての調査結果があります（下図1）。馬の走速度は2歳のデビュー後から上昇し、4歳の秋ごろピークに達し、その後は横ばいになります。馬体重も走速

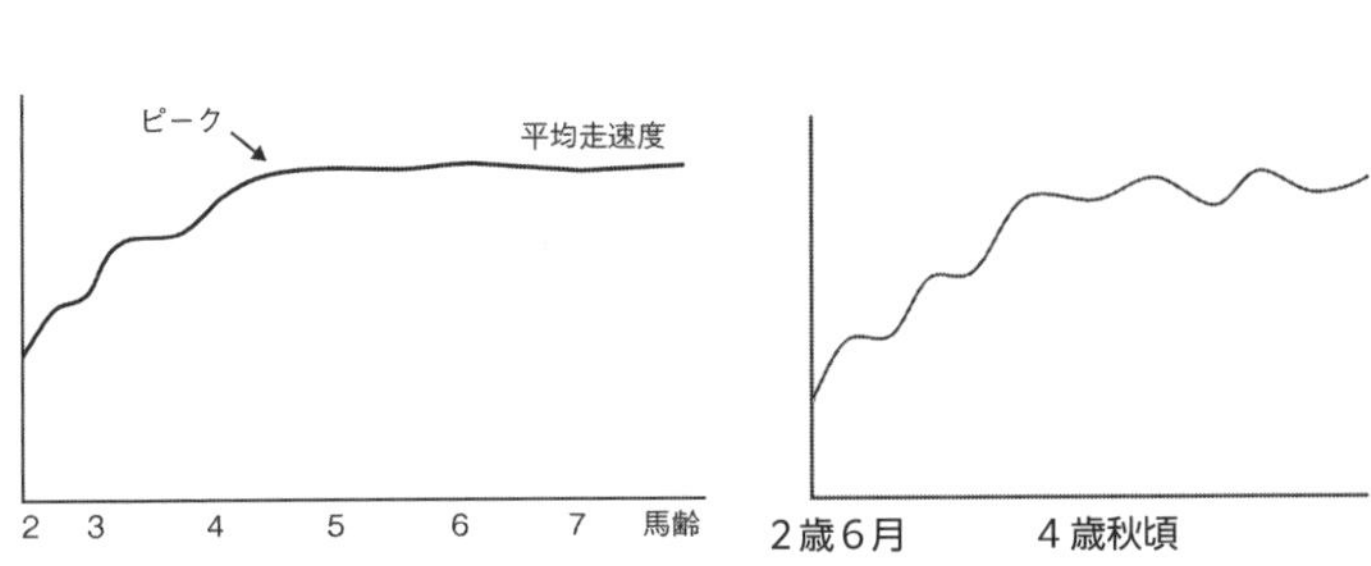

図1　平均走速度の変化（左）と年齢による体重の変化（右）
（JRA競走馬総合研究所提供）

度と同様に、月ごとに増減を繰り返しつつも、基本的には4歳の夏から秋までは増加し、その後はほぼ一定の値を示しています。これは、オス、メス、セン馬に共通して見られることから、サラブレッドの成長は4歳の秋頃まで続くことが分かります。

つまり、走速度の増加と馬体重が重くなること、そして競走成績の3者はつながっているということです。馬体が大きいこと（大きくなること）が、競走馬にとってどれだけ重要かお分かりいただけると思います。一走ごとの増減はそれほど気にする必要はありませんが、競走馬は馬体を少しずつ大きくしながら、速く走れるように成長してゆくのです。

一方、馬体重は季節によって変動し、調子のバロメーターにもなります（図2）。

「月別の馬体重は1年の周期で規則的に増減し、しかもオス、メス、セン馬で周期が異なることが分かった。馬体重は、オスでは1月に最も重くなり、8月に最も軽くなっていたが、メスでは、10月に重くなり、3月に軽くなっていた。セン馬ではオスとメスの周期の中間で11月に重くなり、7月に軽くなっていた」
（「中央競馬サークルだより　ぱどっく『サラブレッドのスポーツ科学』シリーズ」より）

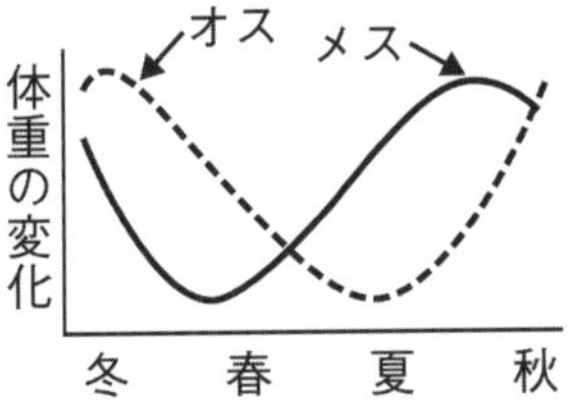

図2　季節による体重の増減の変化
（JRA競走馬総合研究所提供）

セン馬がオスとメスの周期の中間というところがなかなか興味深いのですが（笑）、そこは大した問題ではなく、メスの馬体重が10月に最も重くなり、3月に最も軽くなっていたのは驚きでした。夏は新陳代謝が良く汗をかいたりして体重が減りそうで、冬になると汗をかきにくく、脂肪を蓄えて体重が増えてしまいそうですが、牝馬に限っては、春から夏、秋にかけて馬体重を増やし、秋から冬に向けて馬体重を減らしています。僕の感覚とは真逆の動きをしているのです。

馬体重の増減は、仕上がりの良し悪しよりも、サラブレッドの調子のバロメーターだと考えると納得がいきます。調子が上がってくると馬体重は増え、調子が下がると馬体重も減るのです。もしかすると、馬体重が増え始めると調子も上がり、馬体重が減り始めると調子も下がるのかもしれません。いずれにしても、馬体重と調子は密接な関係にあり、同じアップダウンのバイオリズムを描いているということです。

とすると、牝馬の馬体重が最も重いのは10月ですから、夏から秋にかけて調子もグッと上向き、牡馬の馬体重が最も軽いのは8月ですから、最も調子が悪いのが8月で、最も馬体重が重くなって、最も調子が良いのが1月を中心とした厳寒期ということになります。このグラフからも読み解けるのは、やはり夏は牝馬ということです。

馬体重と調子が相関関係にあるとすれば、当日の大幅なプラス体重を見たとき、その馬は調子が上がってきていると解釈することができ、その逆も然りです。プラス14kgでパドックに登場した馬を太いと見るか、調子を上げていると見るかはあなた次第です。

僕の場合は、あくまでも馬体そのものをしっかりと見た上で、大幅なプラス体重であれば調子が上がっている、もしくは成長しているとポジティブに解釈し、大幅なマイナス体重であればきっちりと絞れて仕上がっているところこれまたポジティブに解釈することが多いです。つまり、大幅な馬体重のプラスマイナスは、前走から変化が生まれたという点において、いずれにしてもポジティブに解釈してみるということです。そうすることで思わぬ激走（もちろん凡走もありえますが）を予測できるチャンスが生まれるのです。

もちろん、季節の移り変わりや気温のアップダウンによって、牡馬と牝馬を狙い分ける必要も出てきます。夏になり暑くなってきたら牝馬の台頭を期待できますし、冬になり寒くなってきたら牡馬を中心に狙うということです。特に、日本競馬はシーズンオフがなく、30℃を超えるような酷暑の中でも競馬が行われます。そんな中でも活気を失わない牝馬もいれば、夏負けして苦しそうに映る牡馬も出てきます。何でもかんでも夏は牝馬で冬は牡馬ということではありませんが、馬体重と調子のバイオリズムを見る限り、牡馬と牝馬の生物的な違いは明らかです。そのような全体的な視点を持ってパドックを見てみると、あっと驚く激走をする馬を見抜く一助になるのではないでしょうか。

返し馬について

第2章のおまけとして、返し馬について語らせてください。僕は返し馬を見るときは、2つのポイントを重視しています。ひとつは、動きの滑らかさです。馬それぞれの身体には個性があるので、絶対にそうでなければならないというわけではありませんが、滑らかに返し馬に入り（走り出し）、滑らかにキャンターをして、滑らかに止まる、一連の動きの滑らかさを見ます。身体のどこかが痛かったり、体調が悪くて苦しかったり、仕上がりが悪くて硬かったりすると、滑らかさを欠くという形で表出してしまうからです。返し馬への入りは硬かったけど、走っていると柔らかくなったり、ほぐれてきたりする馬もいますので一概には言えないのですが、一連の動作を見て滑らかな馬は良い返し馬と評価するのです。

2023年の天皇賞・春において、タイトルホルダーが競走を中止した件で、レース前の返し馬が入念だったという指摘が話題になりました。安藤勝己元騎手が自身のTwitter（現X）にて、「解説でも言わせてもらったけど、タイトルホルダーはいつも以上のピッチ走法で硬い返し馬に見えたし、和生のほぐしが入念すぎた。平場だったら除外させてたかもしれん」とつぶやいたように、タイトルホルダーは返し馬で滑らかに動くことができておらず、歩様の硬さに違和感を覚えた横山和生騎手が、入念に身体をほぐそうとしていたのです。それを見抜いた安藤勝己元騎手はさすがですね。

硬さをほぐすだけではなく、太目残りを解消したり、息の入りを良くするために、返し馬を長く強めにすることもあります。ジョッキーが跨った際に、馬が重く感じたり、息の入りが悪いと感じたときにそうするわけですから、あまり長く強く返し馬をしている馬は仕上がりを疑うべきです。

もうひとつのポイントは、騎手とのコンタクトです。厩務員さんの手を離れて、騎手と1対1になったときに、どのような動きを見せるか。騎手の指示や扶助に対して、どのような反応をするのかをつぶさに観察します。分かりやすくいうと、騎手が行けといえば行くし、右に行けといえば右、左といえば左、止まれという指示が出たらきっちり止まる。こういった意思疎通ができる馬なのか、また今日は走れる精神状態にあるのかということは非常に重要です。車でたとえると、ハンドルが利くのか、操作性が高いのかということを意味します。

野平祐二氏は、返し馬は馬とジョッキーの呼吸を見ると言います。

「返し馬観察の最大ポイントは何か。それはジョッキーと馬との呼吸、リズムが合っているかどうかだ。順調に仕上がり、気合も乗った馬は、ジョッキーの命ずるままに、リズミカルに気持ちよさそうに走る。全速力で走るかどうかはあまり気にする必要はない。キャンターからギャロップへのスムーズな移行。そして無理のない自然な停止などに注意すればいい。気合い、体調ともに良く、走る気十分な馬は、きちっと停止してから、騎手をうながすように、再び反対方向へキャンターで走り出したりする。まさに人馬一体、ジョッキーと馬との呼吸、リズムが合っている。このような馬は、レースでも十分に能力を発揮すると思ってまず間違いない」

（「野平祐二の競馬の極意」より）

他の騎手も同じような感覚で返し馬に臨んでいると思います。ここでのコンタクトが悪いと騎手は不安になるはずです。レースに行って制御が利かなくなって暴走してしまったり、ポジションを取るために出して行くと引っ掛かってしまう心配が出てくると、できるだけ安全なレースをしようとして、消極的な騎乗につながってしまうかもしれません。逆に正しく騎手の指示に応えることができる馬であれば、ジョッキーも積極的なレースができ、またその馬もレースの流れにスムーズに乗れて、力を十全に発揮できる可能性が高まるのです。

実は２０２２年の宝塚記念の返し馬において、タイトルホルダーは返し馬を嫌がって、横山和生騎手の指示に反抗するような素振りを見せていました。本馬場に入っても、なかなか返し馬に行こうとしないばかりか、首を上下左右に振って、騎手との意思疎通を拒み続けました。見かねた父・横山典弘騎手が自身の馬を寄せていき、なんとかタイトルホルダーを落ち着かせて誘導することに成功しました。結局、タイトルホルダーは快勝して事なきを得たのですが、僕はあのとき、タイトルホルダーは「今日は走りたくないよ」と言っている気がしました。歴戦の疲れや前走の天皇賞・春を激走した反動があったのかもしれません。それでも一流の競走馬は限界を超えて走るので、結果が出てしまうこともあるのですが、その後の凱旋門賞や有馬記念の惨敗を考えると、目に見えない疲れがあったのではないかと思います。

個人的に最も印象に残っている返し馬は、2010年の皐月賞時のエイシンフラッシュのそれです。あのとき僕は中山競馬場の最終コーナーの周りの芝生にて観戦していました。どの馬が最高の手応えで回ってくるのか楽しみに待っていたところ、レース前の返し馬にて、僕の目の前を駆け抜けていった黒鹿毛の馬がいました。エイシンフラッシュでした。正直に言うと、エイシンフラッシュには全く注目していなかったのですが、目の前で見た返し馬の得も言われぬ美しさに僕は言葉を失ってしまいました。四肢がスラリと長く、胴部にも十分な伸びがあって、いかにも欧州血統の塊のような馬体の美しさに加え、馬体全体を大きく使って、頭のてっぺんからつま先まで、全てのパーツが流れるように連動して駆けていたのです。

皐月賞は残念ながら3着に敗れてしまいましたが、11番人気の人気薄を考えると好走したと言って良いのではないでしょうか。さらに次走の日本ダービーでは、最強世代と称された錚々たるメンバーを相手に、内ラチ沿いを一気に駆け抜けて勝利したのです。サンデーサイレンスの血が一滴も入っておらず、どこからどう見ても欧州血統である同馬が、日本ダービーをラスト3ハロン32秒台の脚を使って勝利してしまったのです。その閃光のような末脚は競馬ファンを一様に驚かせましたが、エイシンフラッシュの美しい返し馬を見ていた僕に驚きはありませんでした。

ここまで読んでいただき、勘の良い方はお気づきになられたかもしませんが、パドックと返し馬はつながっています。当たり前の話かもしれませんが、パドックの動きを大きくしたものが返し馬です。パドックと返し馬は別物ではなく、パドックの延長線上に返し馬があるということです。ここで僕が言う動きの〝滑らかさ〟とはつまり〝運動性〟とほぼ同義です。後肢を踏んで、前肢をついて、首を振って、ハミまで伝わるというエネルギーの流れがどこか途中で止まってしまったり、逃げてしまっているように感じる返し馬は滑らかではないということです。

精神面についても同じです。パドックと比べて返し馬は、レースが近づいてきたことが馬も分かるため、より気持ちが昂り、気合や気負いがより表面化しやすいことはたしかです。パドックよりも大目に見てあげるぐらいで良いのですが、あまりにも入れ込んだり、暴れて騎手を振り落とそうとしている姿を見ると心配になります。理想としては、パドックから返し馬、輪乗り、そしてゲート前とレースが近づくにつれて、少しずつ気合が乗ってくる流れでしょう。

パドックと返し馬、そして実際のレースの走りはつながっています。僕たちはパドックや返し馬を見ることで、レースにおける走りを予見できるということです。そうした目でパドックや返し馬を見てみると、冒頭に登場した女の子の「ここで馬が走るんだ？　競馬場って思ったよりも小さいんだね」という素朴な疑問も、あながち間違っているとは言い切れないのではないでしょうか。実は、パドックで馬たちはすでに走っているのです。

第3章　パドック解説者の苦悩

川崎競馬でパドック解説者に

２０２２年春より、僕は川崎競馬場のパドック解説を担当させてもらっています。競馬YouTuberや専門誌のトラックマンに混じり、月曜日が僕の担当。パドック解説は競馬場の場内でも聴くことができ、主催者のホームページやYouTubeなどのライブ配信でもリアルタイムで観ることができます。競馬場に行かずにインターネットで馬券を買って、自宅で競馬を楽しむ人々が増えている時代に、パドック解説を観て聴いてもらえる機会はますます増えていくはずです。多い日だと数万人が、パドック解説をＢＧＭ代わりに、川崎競馬を楽しんでくれているのです。

おそらく僕は、唯一の「即興パドック解説者」だと思います。どういうことかと言うと、パドックで初めて馬を見て、その場で解説をしているのです。パドックに現れる馬たちの前情報はなしに、まっさらな目で馬を見てコメントし、推奨馬を挙げているということです。僕はトラックマンや専門誌の記者ではなく、毎日馬券を買っているわけでもないので、出走馬の前走の着順やタイム、追い切りの動き、他馬との力関係等についてほとんど知りません。というか、あえて知らないようにしています。

情報があることは良い面もあれば、まっさらな目で見ることができなくなり、目が曇ってしまうことにつながる悪い面もあります。この馬は勝つ可能性が高い（強い）と知ってパドックを見ると、どうしてもその馬は良く見えるのが人間心理です。

せめて競馬新聞だけでも見て、ある程度の戦績や追い切りの動き、厩舎のコメントぐらいは把握してから臨もうと考えていましたが、最近は老眼が進んで（特に夜は）目がぼやけてしまってダメでした……。昔は穴が開くほど読み込んだ競馬新聞の文字が、かすんで見えなくなってしまうのですから、歳を取ることは悲しいものです。

そこで僕の心は決まりました。即興のパドック解説をやってみよう。出走馬についての情報は一切なしで、まっさらな目でそれぞれの馬をパドックで見て、パドックの動きや馬体、雰囲気だけを解説し、評価してみようと。それこそが本来の意味でのパドック解説なのではないか。トラックマンでも専門誌の記者でもない、馬を見ることが好きな老眼の僕だからこそ、純粋なパドック解説ができるのではないかと開き直ったのです。

最初は上手くいくのか不安ばかりでした。だってそうですよね。全く知らない馬たちがパドックで目の前に現れて、わずか1~2周したのを見て、1頭1頭の馬たちに対してコメントし、さらに優劣をつけて推奨馬を3~5頭ほど挙げなければならないのです。特に推奨馬に関しては、(たとえパドックは良く見えても能力が足りずに)ことごとく凡走してしまえば、全く的外れなパドック解説と言われてしまいます。パドックだけが勝ち負けを決めるわけではありませんが、ある程度、結果と結びつかなければ、パドック解説など意味がなくなってしまいますから。

川崎競馬のパドック解説は今年(2023年)で2年目になりました。その馬の前走の成績や人気、脚質、他馬との力関係等をほとんど考慮することなく、パドックで良く見える馬を純粋に挙げているだけなので、メチャクチャな結果になることもあります。反面、意外な穴馬が馬券に絡んで驚かれることもあります。とにかくパドックで良く見える馬だけを挙げると、自然とそうなってしまうのです。

久しぶりにパドックだけを見て馬券を買うことを1日12レース繰り返してみると、改めて僕にとっても発見があり、新しい世界が開けた感触を得ました。パドックで馬を見るって楽しいと、今は素直に感じています。

なるべくオッズ（人気）を見ない

本章は、僕が川崎競馬のパドック解説者として、考えたこと悩んだことを綴っていきます。もしかすると、言い訳がましくなってしまう部分もあるかもしれませんが、ご容赦ください。できる限り、個人的な体験や想いを一般化して皆さまと共有できればと思います。

川崎競馬のパドック解説を始めて、初回は上手くいったつもりでしたが、2回目と3回目は失敗してしまいました。おそらく外から見ても分からないかもしれませんが、僕の中では、純粋なパドック解説ができなかったと反省しました。

川崎競馬のパドック解説は、それぞれの出走馬について3～5秒ぐらいで解説します。各馬をひととおり評価しながら1周した後に、3～5頭の推奨馬を挙げることになります。そして、推奨馬についてもう一度、推奨理由を添えてコメントするという流れです。初回は余裕がなかったこともありパドックの馬しか見えなかったのですが、2回目や3回目は少し余裕が出てきたことで、パドックの向こうにある電光掲示板に映るオッズを確認するようになってしまいました。パドックで馬を見て評価した後にオッズを見る分にはまだ良いのですが、あのときの僕は歩いている馬とオッズを交互に見ていたはずです。なぜそのようなことをしたのか不思議ですが、おそらく当てたいという意識が強かったのではないかと思います。

各馬の力関係はオッズに表れますので、それも加味しつつパドックで良く見える馬を挙げることで、より当たりやすくなると考えたのだと思います。この馬は良く見えるけど単勝が１００倍以上もついているからさすがに勝ち負けは厳しいだろうなとか、この馬はあまり良く映らないけれど単勝1倍台だからある程度は走るだろうと、人気という情報を加えて馬を見てしまっていたのです。

そうすることで何が起こったかというと、馬を見る時間が足りないという事態に陥りました。初回の方が緊張していたにもかかわらず馬は良く見えた感触があったのに、なぜか2回目や3回目は馬を見る時間自体が少なく感じたのはそういう理由でした。オッズをちらっと確認する時間なんて、コンマ何秒ではありますが、それが積もると数秒になりますし、ただでさえ解説するまでに2周程度しか見られない以上、馬自身を見る時間が足りなくなって当然です。

そのことに気づかされたのは、4回目のパドック解説で腹を括ってオッズを見ないようにしたことがきっかけでした。人気薄の馬を推奨して当たる方が印象に残りやすいため、どうすれば人気薄の馬を取り上げられるかと考えた結果、オッズを見ないでパドックで良く見えた馬を単純に取り上げてみようと決めたのです。結果的に、2回目や3回目よりも多くの穴馬をパドックで推奨することができましたし、最大の収穫は馬を見る時間が増えたことです。2回目と3回目の僕は、木を見て森を見ずではありませんが、オッズを見て馬を見ていなかったのです。

当たり前の結論ではありますが、限られた時間でパドックを見て、3～5頭の推奨馬を挙げるというパドック解説の仕事をさせてもらったおかげで、僕はもう一度、馬だけを見ることの大切さを教えてもらいました。情報があればあるほど、僕たちの馬を見る目は曇っていく。これは人間の避けがたい習性である気がします。

自分はどれだけ事前情報があっても、まっさらな目でパドックを見ることができると考えていましたが、過大評価だったようです。その馬のことを知っていれば知っているほど、その馬のことを純粋な目では見られなくなっていくのです。できるだけまっさらな目でパドックを見るためには、僕たちはその馬のことを知らない方が良いのかもしれません。

とはいえ、今の情報社会の中では、その馬のことを知らないことの方が難しくなっています。情報があることは馬券を買う上では大切なことですが、純粋にパドックを見る上では大きな障害になるのです。たとえば、その馬がパワータイプであることを知っていると、パドックでもそのように見えてしまいます。追い切りの動きが良いと事前に知っていれば、パドックでも仕上がりが良く映ってしまうのです。人間の目とはそういうものです。多かれ少なかれ、人間は主観的にしかモノを見ることができません。見たいものを見たいように見るのが人間です。知っていればいるほど、バイアスがかかってしまうのです。ですから、もし純粋にパドックだけを見て楽しみたいと思うならば、事前に情報を得ることは避けましょう。もしくは事前情報のない馬たちの走るレースのパドックを見ましょう。どれだけ情報を遮断してみても、オッズだけはパドックに立つと見えてしまうものですが、なるべくオッズは見ないで馬だけをしっかりと見てみてください。

人気馬を推奨してしまうのはなぜ？

「パドックからの推奨馬を教えてください」と聞かれて、パドック解説者が答える馬が人気順の5頭だった、なんてことはよくある光景です。こうした評価を聞いて、競馬ファンが「それって、人気馬を上から挙げただけでは……」と思われるのは当然です。パドックで良く見える馬を聞かれているのに、競馬新聞の印を見て答えたかのような回答では、不思議に思われても仕方ありません。僕も自分でパドック解説をする前は、一般の競馬ファンと同じような疑念を抱いていました。それって、パドックで評価した推奨馬ではなく、あなたのレースに対する予想ではないのですか？　と。

実際にパドック解説をしてみると、純粋にパドックで良く映る馬を推奨馬としてそのまま挙げることの難しさに気づきます。なぜならば、パドックからの推奨馬が馬券に絡むことを求められるからです。川崎競馬場のパドック解説は、次のレースのパドックにて、「前走で挙げた推奨馬4頭のうち3頭で決まりました」などとキャスターさんが告知してくれます。それ自体は嬉しいのですが、ほとんどの競馬ファンや関係者は推奨馬が馬券になったか（的中したか）を期待しているため、意識的であっても無意識であっても、パドック解説者も推奨馬が馬券に絡むという結果を望むようになります。

パドックで良く見えた馬がたまたまレースで好走して馬券に絡む、というのが自然な流れであるにもかかわらず、人間は求められているものに応えようとする気持ちが強くなるもので、馬券に絡みそうな（確率の高い）馬を挙げるようになるのです。目的意識が強く、真面目なパドック解説者ほど、いつの間にかそうなってしまうはずです。そして最終的には、人気馬が良く見えるようになり、本人はパドックで良く見えている馬を挙げているつもりでも、結果的には人気馬を挙げているにすぎないという現象が生まれるのです。順序が逆になってしまうのです。

冒頭で谷中元騎手の言葉を引用したように、純粋なパドック解説をすると、ムチャクチャな結果になってしまうこともあるはずです。パドックの良し悪しとレースの結果は常にストレートに結びつくわけではないという意味です。パドックで純粋に良く映る馬を4頭挙げると、3番人気、6番人気、10番人気、11番人気で、結果的に5着、7着、10着、12着だったなんてことはザラに起こるはずです。もちろん、挙げた馬たちが1着、2着に好走、他も6着、8着に入ったなんてことがあれば、馬券にも絡んでいるわけですから、パドック解説者冥利に尽き、これ以上に嬉しいことはありません。

もしあなたが純粋にパドックを見て、良く見えた馬を数頭選んでみて、レースでことごとく惨敗してしまっても、気落ちしないでください。メチャクチャな結果になってしまうことは決して悪いことではありません。皮肉に思えるかもしれませんが、それはあなたが純粋にパドックを見始めた第一歩なのですから。

今、目の前にいる馬に集中する

パドックを見るとき、横の比較と縦の比較という言葉があります。横の比較とは、そのレースに出走している馬たちの良し悪しを単純に比べることです。Aという馬よりもBという馬の方が走る気になっている、仕上がりが良いというように。対して縦の比較とは、同じ馬の過去のレースと今回のレースのパドックを比べることです。Aという馬は前走入れ込んでいたけど、今回は落ち着いているので好走が期待できそうというように。

そもそも僕はパドックで横の比較すらしているつもりはありません。良く見える馬をピックアップしているだけですが、そうは言っても、時として同じレースの出走馬で良く見える馬が7頭も8頭もいたり、逆に良く見える馬が1頭もいないなんてことも起こり得ます。そういう場合は、どうしても横の比較をして、少しでも良く見える馬に絞り込むという作業が生じます。同じレースで走る以上は、どうしても横の比較は避けられないということでしょう。

縦の比較に関しても、それほど重要だとは僕は考えていません。結論から言うと、今目の前のパドックの様子にとことん集中すべきです。今日のパドックが良く見えたら、その馬は買いということです。本質的には、パドックには過去も未来もなく、現在しかないということです。たしかに過去のパドックと現在のパドックを比べて、良く見える場合はより自信を持って狙えるという面はありますが、何よりも大切なのは、目の前にいる馬の精神状態であり、馬体の仕上がりなのです。過去を知りすぎることは、その馬に対する偏見につながりますし、現在の姿を先入観なく見ることを妨げてしまいます。

もちろん、前走のパドックを知っておくことはマイナスにはなりません。僕がパドック解説を務める川崎競馬場は、他の競馬場と比べて、パドックに馬を出すのが遅いことで知られています。前のレースが発走するよりも前に次のレースの出走馬がパドックに姿を現す競馬場もありますが、川崎競馬場は早くても前のレースが終わってから出走各馬が登場します。早くてもと書いたのは、季節によって、パドックに出てくるタイミングが変わってくるからです。

たとえば、僕がパドック解説を始めた頃（4月）は、前のレースが終わってわりとすぐにパドックに出てきました。これぐらいのタイミングであれば、パドック解説をする前に、2周ぐらいは馬を見ることができます。ところが、夏の暑い時期に向かうにつれて、各馬がパドックに出てくるタイミングが少しずつ遅くなります。気がつくと、1回周回しただけでパドック解説に臨まなければならず、難しさを感じざるを得なくなりました。せめて2周ぐらい見られると、全馬に対する短いコメントをメモとして書き留めることができますが、1回ですとどうしても抜けが出てしまう馬がいて、そういう馬に関しては、視聴者さんと同じテレビ画面を見ながら、その場で見たままの感想を言うことになります。

極めつけは真夏の時期です。今でも忘れられない事件が起こりました。放送事故と言っても過言ではありません（笑）。2022年8月某日、パドック解説で川崎競馬場を訪れた僕は、少しずつ慣れてきたこともあり、平常心で臨めていたと思います。ディレクターさんと競馬話に花を咲かせつつ、第1レースの出走馬の登場を待ちました。いよいよ第1レースの1番の馬がパドックに姿を現しました。いつもこの瞬間はグッと気合が入ります。今日も1周しかパドックを見られないだろうとあきらめつつ、せめてその1周ぐらいは極限まで集中して見てやろうと僕はゾーンに入りました。

すると、僕の真横でキャスター（MC）の方がまるで本番さながらに「本日の第1レースは～」と声を出し始めました。不思議に思いながらも、キャスターの方によっては本番前に本番さながらに声を出して練習される方もいらっしゃるので、僕は自分の仕事をしようとパドックに意識を集中させました。しばらくするとまた隣で「本日のパドック解説は『馬体は語る』著者の治郎丸敬之さんです。治郎丸さんよろしくお願いします！」と聞こえました。

2秒ぐらいの時間が流れたでしょうか。僕の後ろにいたディレクターさんが事態に気づき、あわてたジェスチャーで僕にもう本番が始まっていることを伝えてきました。僕も瞬時に状況を察し、あわててヘッドフォンを装着し、何ごともなかったように「とても良く見えますね」と1番の馬について語り出しました。パドック解説は音声だけなので、あわててヘッドフォンを頭にかぶった僕の滑稽な姿は誰にも見えなかったでしょう。キャスターからの呼びかけに応答せずに、妙な間があって1番の馬を語り始めたぐらいで、視聴者さんには気づかれないレベルの放送事故だったと思います。それでも僕にとっては、久しぶりに焦りまくった瞬間であり、生放送の恐ろしさを思い知った事件でした。

なぜこのようなことが起こったかというと、パドックに馬が入ってくるのがいつにもまして遅かったからです。第1レースのパドックに出走各馬が入ってきて、事前に全く馬を見ることなく、1周目の周回をモニターで見ながらその場でコメントしなければならなかったということです。これは結構難しい……。暑い時期にはできる限り馬の負担を減らそうと、パドックに出る時間を極力短くしようと考える関係者や主催者側の気持ちはよく分かりますが、さすがにパドック解説者泣かせです。この日以来、僕は第1レースのパドックは特に、いつ突然解説が始まってもいいように心構えをして臨むようにしています。

　そんな放送事故が起きたことはさて置き、パドック解説をするまでにパドックを見る時間が次第に短くなっていったことで、僕が理想としていた即興パドックの方法はさすがに悲鳴を上げ始めていました。自分の頭の中だけであれば、1周か2周見て、その場で良い馬をピックアップすることは可能かもしれませんが、パドック解説は出走全馬についてひと言コメントを述べる必要があり、さらに何頭かの推奨馬を決めて発表しなければいけません。ひと言コメントをするだけでも難易度が高いのですが（正確さを欠いてしまうこともあるかもしれません）、それ以上に数頭に絞り込む作業が至難の業です。

　パッと初見で見た馬について即興でコメントをしながら、頭の片隅で良く見える馬と良く見えない馬を選り分けて、良く見える馬たちの中から数頭に絞り、さらに順位付けをしなければならないのです。僕は誰かと電話しながら、何か他の作業をすることができないほど同時並行脳が足りない人間ですから（楽しく電話しながら料理したりする女性にはいつも感心します）、解説しながら優劣をつけて数頭に絞って順位付けをすることに困難を感じるようになっていました。

そこで僕は工夫をせざるを得なくなりました。せめて前走のパドックを下調べしておくことで、「前走は～でしたから」とコメントに加えることができ、コメントに苦労することが少なくなります。その分空いた脳のメモリを順位付け作業に回すことができるのではと考えたのでした。僕は事前に第1レースから最終レースまでの出走馬の前走パドックの様子をYouTubeに残っている映像で確認し、「前走はやや太目残り」とか「前走はチャカつきが目立つ」など、あらかじめメモしておくことにしました。あわよくば、前走と比較することで、浮かび上がってくる馬もいるかもしれません。これはかなり時間のかかる作業なのですが、コメントで何を言おうか苦労するよりはマシですし、前もって自分のペースで準備することができます。

実際に前走のパドックを下調べして、当日のパドックとの比較をしてみて、良い点と悪い点があることが分かりました。良い点とは、もちろん前走時よりも明らかに良く見える（何らかの点において改善されている）馬はわずかながらいて、それらの馬たちは当然のことながら、前走よりもパフォーマンスを上げてくる、つまり好走することです。前走は体調が優れなかったので凡走していることが多く、今回はさほど人気に推されていないため、好走して馬券圏内に入ると好配当を出すことになります。たしかにこれは必勝パターンでしょう。ただし、このパターンは当日のパドックが良く映るわけであり、前走との比較をしなくても、今、目の前にいる馬を集中して見ることで見極めることができるとも言えます。

最も良い点は、やはりその馬のパドックを見る時間が増えるということでしょう。後述しますが、仮想パドックの考え方です。その馬の今回のパドックで見せる雰囲気に近い状態のものをゆっくりと、もしくは何度も、事前に見ることができるのです。パドック解説のように時間が限られているときは特に、そうではなく普通にパドックを見るときでも、時間が足りないと感じることは少なくないはず。もう少し馬を見られたらと思う気持ちは皆同じです。あらかじめ前走のパドックを見ておくことで、その馬のことをじっくり見る時間を増やせるということです。

悪い点としては、前走のパドックと比較することに意識が行ってしまうことです。人間は比較対象があると比べてしまう生き物のようで、どうしても前走と今回の比較にとらわれすぎて、今目の前のパドックで歩いている馬をしっかり見なくなってしまいます。前走と変わっているか否かばかりに気を取られてしまい、今、この瞬間に馬が訴えかけてくれている何かを見逃してしまうのです。

もうあと何周か見ることができれば、最初の1、2周目は今の馬のそのままの姿をしっかり見て、3、4周目は前走と比べて見てみることもできるでしょう。ただパドック解説には時間の制約がありますので、過去を知っているとそれに引きずられてしまい、ありのままの現在の姿を素直に見られなくなるというジレンマが生じるのです。この点に関しては、今でも迷いがあります。得るものもあれば、失うものもあるということです。理想的な見え方としては、前走との比較が2割、今のパドックの姿を見ること8割ぐらいに意識を持っていくことではないでしょうか。実を言うと、冬場は事前に前走のパドックを見ることをせず、真っ新な状態で馬を見る方法に戻します。もしかするとまた夏場になって、1周も見られない状態で解説をしなければならなくなったら、便宜上、前走パドックを下調べしてくることになるはずです。

また、勝ったときや好走したときのパドックの姿を覚えていると、現在のパドックを正確に評価することにつながるという考え方には一理あります。大人しく見えるときには走らず、少しぐらいうるさいときの方がレースに行くと走るという馬もいるでしょう。ただ、競馬というものは難しく、レースは生き物でもありますので、パドックの様子と結果がそのまま結びつかないこともあるのです。展開や枠順、ジョッキー、他馬との力関係など、その他の要素が絡み合って結果が出るものですから、パドックの雰囲気が良かったから勝つとか好走するということでは必ずしもありません。つまり、先ほどの例でいうと、少しうるさいときに好走したからといって、それはパドックではなく他の要素が大きく影響したのかもしれません。

それを言ってしまうとおしまいだと言われるかもしれませんが、パドックはあくまでもひとつの要素にすぎません。僕は馬の体調や仕上がりはレース結果に大きな影響を与えると考えていますが、パドックだけが全てを決するわけではないのです。あくまでも確率の問題であり、パドックで良く見える馬を買い続けていると、勝ったり負けたりを繰り返しながらも、結果に結びつきやすいということです。どうすべきかというと、結局のところ、今、目の前にいる馬に集中して、良く見える馬を素直に買い続けるしかないのです。

仮想パドック

パドックを見続けて、縦の比較をしてみると、前走も今回もそれほど大きくパドックは違わないことにも気づくはずです。たとえばAという馬の前走のパドックと今回のパドックの姿は、ほとんど変わらないということです。前走のパドックでチャカついている馬は今回もチャカついているし、しっかり歩けていた馬は今回もしっかりと歩くことができます。たしかに馬が変わるという表現があるように、短期間において、グッと成長することもあるにはありますが、あくまでも（若駒の時期における）稀なことです。変わらないと言うと誤解を招くかもしれませんが、ほとんどの馬たちは肉体的にも精神的にも少しずつ時間をかけて成長していくものです。

そのわずかな違いを見極めることが大事だ、という意見ももっともだと思います。ただそれは、かなり長期間にわたって、パドックで特定の馬を見続けてきた上でのこと。年単位で見続けて縦の比較をすることで、意味や文脈が生じることはあります。サラブレッドは時間をかけて成長し、変化するからです。

そこでひとつ、新しい予想法を提案したいと思います。それは前走のパドックを見て、今回のレースの予想をするということ。頭が混乱している読者の方もいるでしょう。なぜ今回のパドックを見て、今回のレースの予想をしないのかと。端的に答えるとすれば、今回のパドックを見てから予想をすると、時間が限られてしまうからです。パドックを見てから馬券を買いたいけれど、レース直前は忙しくて、事前に馬券を買わなければならないという競馬ファンも多いでしょう。パドックを見てから馬券を買うとなると、決断するための時間が短すぎるのでパドックは見たいけど見ないという方も少なくないはずです。そういう方におすすめなのが、前走時のパドックを使った仮想パドックです。

前回のパドックと今回のパドックがほとんど変わらない（ほとんどの馬が同じ）と仮定すれば、前回のパドックを見て今回のレースを予想しても今回、パドックを見たこととほぼ同じになります。繰り返しになりますが、前走のパドックと今回のそれが全く同じであると言いたいわけではなく、ミクロレベルにおいて違いはあるのですが、マクロとしてはほとんど同じという意味です。

中央競馬では「ＪＲＡレーシングビュアー」で前走時のパドックを見ることができ、地方競馬でもライブ映像がYouTube上に残っているところは、仮想パドックをつくることができます。前もって、前走のパドックを見ることで、今回のレースの直前のパドックを見るのとほとんど同じものを見られるということです。パドック党だけど、事前に馬を見てゆっくり検討したいという方はぜひ仮想パドックを試してみてもらいたいですね。

人気であまり良く見えない馬を消せないと、良く見える穴馬を拾えない

パドック解説では、各馬について1頭ずつコメントを述べた後、推奨馬を数頭挙げることになっ

ています。大川慶次郎さんで言うところの「バカに良く見える馬」を挙げるということです（懐かしい）。実は即興でそれぞれの馬たちに対するコメントを言う以上に、良く見える馬を絞り込んで、数頭を挙げる作業の方が困難を極めます。僕は事前にどの馬が人気になっているのか知らず、もちろん予想などは一切していませんので、パドックを見てコメントしながら、同時並行で数頭に絞る作業をしなければなりません。なぜそのような試練を自らに課すのかというと、純粋なパドック解説をしたいからです。前走時のパドックを覚えていたり、目の前の電光掲示板で人気も見えてしまうこともあり、純度１００％とは言えないかもしれませんが、できる限りパドックで見たものだけをお伝えしたいと考えています。

川崎競馬場のレースは常にフルゲートになるわけではなく、中には7頭立て、8頭立てという少頭数のレースもあれば、14頭のフルゲートになるレースもあります。少頭数のレースでもレースによっては意外と難しいのですが、多頭数のレースで、良く見える馬も多い場合、絞り込みは困難を極めます。普段、僕は3頭から5頭を挙げるようにしていますが、もう1頭挙げていれば穴が拾えていたということが多々ありました（たとえフルゲートのレースであっても、さすがに

5頭以上推奨するのは気が引けます)。たくさん挙げれば、それだけ当たる確率は上がるのは当然ですし、視聴者さんのことを考えると、できる限り少ない頭数に絞って推奨する方が良いのも分かっています。逆に、下手に絞りすぎてしまって、大穴を取り逃がしてしまうことも少なくありません。あの馬も候補に挙げておけば……という後悔は山ほどあるのです。

そんな絞り込みの葛藤を繰り返しながら分かったのは、(たとえ人気馬であっても)あまり良く見えない馬を思い切って消すことができなければ、せっかく良く見えた穴馬を拾うことができないということです。これはパドック解説の推奨馬だけではなく、自分自身で馬券を買うときにも当てはまることではないでしょうか。賭け金が無限にあるわけではなく、できる限り点数を絞って馬券を買いたい気持ちは誰もが同じですから、良く見える馬を全て買うことはできません。ある馬を消すことができれば別の馬を買うことができますし、その馬を買うのならば別の馬は買えないということになります。もしパドックを見て馬券を買って、大きな配当を手にしたいならば、あまり良く見えない人気馬を思い切って消すことです。そうすることで、人気はないけれど良く映る馬を買えるはずです。逆説的かもしれませんが、大穴を当てるためには、人気馬をあきらめなければならない。どちらにも良い顔をすることはできないのです。

ハッピーに歩く馬

リズム良く、スムーズに歩けていれば、パドックでは十分に合格点です。それ以上を求める必要はないのですが、パドックを見続けていると、たまにハッピーな馬に出会うことがあります。ルンルンという声が聞こえてきそうなぐらい、幸せそうに歩いているのです。思わず、「何か良いことあったの？」と聞きたくなってしまいます（笑）。身体のどこにも痛いところや苦しいところがなく、絶好調で、走ることが楽しみであることが伝わってきます。もしかすると、厩舎の馬たちとの関係性が良かったり、周りの人間たちの愛情にも恵まれているのかもしれません。リズム良くスムーズに歩くことの究極形が「ハッピーに歩く」です。

僕が川崎競馬場でパドック解説を始めたばかりの頃、ある印象的な芦毛の牝馬に出会いました。この馬に目が留まったのは、実にリズム良くスムーズに歩けていたからです。馬を引いている人の手綱には、ほとんど力が入っていない。もうパドックやレースに慣れているのか、観客を気にする様子も全くなく、自分のリズムで気持ち良さそうに歩いています。チャカチャカと小走りになっているでもなく、変に踏み込みが深すぎたりもしない。サラブレッドがきちんと調教をされて、気分良く出走してくれれば、まさにこう歩くという歩き方です。ひと言で表現するとすれば、ハッピーに歩いている馬でした。

性格はいかにも素直そう。人間とのコミュニケーションも良く取れているようで、こういう馬はレースに行ってジョッキーの指示に素直に従うし、多少の不利があっても我慢強く、勝負を捨てません。もちろん自分の持っている能力を超える走りはできなくとも、力を出し切って走る可能性の高い馬であることが分かります。パドックを見る限りは、体調が良く、理想的な精神状態で出走してきている以上、この馬を狙ってみたい。そう思わせられました。この日、最も輝いて見えた馬でした。

結果は抜群の手応えで中団を進み、内枠を利したこともあって、直線ではあっという間に先頭に立ち、後続との差は広がる一方でした。2着馬に約5馬身の差をつけてゴール。単勝は780円。馬自身のみならず、背に跨っているジョッキーも馬券を買ったファンも気持ち良いと思えるほどの快勝。パドックだけではなく、レース振りも実にハッピーな馬でした。もちろん、競馬は生き物である以上、このときはたまたま結果につながっただけかもしれませんが、レースの流れやポジションや他馬との力関係が向けば、彼女が好走する可能性が高かったことはたしかでしょう。レースに行って、自分の力を出し切れる準備はすでにできていたのです。

そして次走、僕がパドック解説をしている日に彼女は再び登場しました。パドックに入ってきた瞬間、あのハッピーに歩く馬だと思い出しました。それぐらい、他の出走馬とはパドックにおける雰囲気が異なっていたのです。前走時の印象があまりにも強烈でしたので、あのときと比べるとやや気配が落ちるかなと思わせられましたが、それでも今日もハッピーに歩けていたことは間違いありません。結果は不良馬場で泥だらけになりつつも、後方から外を回して追い込んで、3馬身差をつけて完勝しました。単勝430円。前走よりも苦しいレースになりましたが、彼女の体調や仕上がり、精神状態が良かったからこその勝利でした。

僕はいつもパドックで彼女のようなハッピーな馬を探しています。見ているこちらも幸せになってしまうような馬。厳しい競走馬の世界でハッピーな馬を見ることは滅多にありませんが、だからこそ、そんな馬に出会えると余計に嬉しくなってしまいます。そのときはもちろん、迷うことなくパドックからの推奨馬の筆頭に挙げ、単勝馬券を買うつもりです。

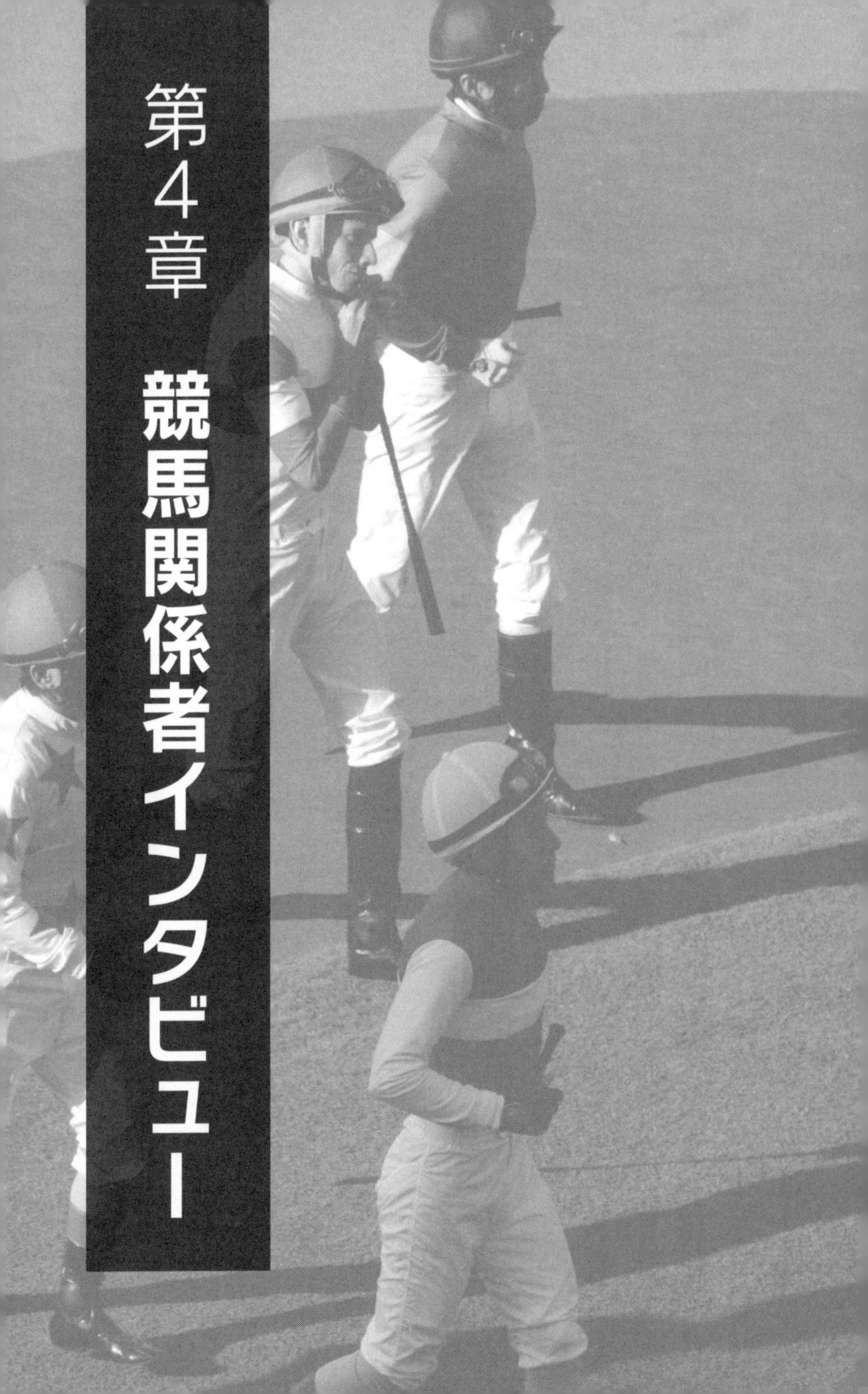

第4章 競馬関係者インタビュー

上手健太郎獣医師に聞く「パドックにおける馬具の意味するところは?」

馬に乗れる獣医師であり、共有オーナーズクラブ「Equine Vet Owners Club」を立ち上げ、代表を務めている上手健太郎氏に登場いただき、パドックにおける「馬具」をテーマに語ってもらいたいと思います。

――かつて上手先生とお話したとき、「パドックで『馬具』を見れば、この馬は激走しそうとか、逆に凡走しそうとか分かりますよ」とおっしゃっていて、興味が湧きました。それぞれの「馬具」の効用(効果)を教えていただきながら、その「馬具」が良くも悪くもレースにおける馬の走りにどのように影響を与えるのかを語っていただければと思います。

上手健太郎氏(以下、敬称略) まずはなぜ馬具を使うのか? という結論からお話ししますね。今回登場するだけでもかなりの種類の馬具があります。実は、馬はメンタル(性格)がバラエ

上手健太郎氏　プロフィール

1983年兵庫県生まれ。高校時代にニュージーランドに留学し、本格的に馬の世界を志す。酪農学園大学獣医学部獣医学科を卒業後、追分ファームにて獣医師兼騎乗員として従事。2017年に福島県南相馬市にて「南相馬アニマルクリニック」を開院。さらに2021年に地方競馬の共有オーナーズクラブ「Equine Vet Owners Club」を設立。脚元に不安を抱えている競走馬を買い取り、自ら治療を行って再び走らせるという他に類を見ないコンセプトのオーナーズクラブとして注目を集めている。2024年より「エクワインベットブリーディング(EVB)」を立ち上げて、繁殖牝馬の共有事業を開始する。

ティーに富んでいるのです。今回の話を聞いていただけると、馬たちのメンタル（性格）が少し分かってもらえるはずです。そこからたとえばAタイプのメンタル（性格）の馬は競馬に行くとどのような枠が合っているのか、どのような位置取りになってしまうと力を発揮できないのか、と走りを予測することができるのです。

馬って繊細なのですよ。そこがまた可愛いのですが、競走馬としてはレースに行かなければいけません。そこで人間が工夫をして、その馬を一般化、つまりなるべくマイナスがない状態にしたいのです。だからこそ「馬具」があるのです。

――よく分かります。僕も上手さんとほとんど同じ発想

なのですが、ニュアンスが異なるというか、上手さんが表から見ているところを裏から見ている感じです。言い方がきつく聞こえるかもしれませんが、「馬具」とは馬の弱さの表れだと思っています。「馬具」を何もつけない状態でレースに臨めるのが理想なわけです。しかし、僕たち人間もそうですが、馬もどこかしらに弱さを抱えていて、特に地方競馬にいる馬たちは常に弱さを抱えて走っています。だからこそ、その弱さを隠したり、補ったりする道具がどうしても必要なのですよね。

上手　そのとおりです。私のEVO（Equine Vet Owners Club）の馬たちはほぼ全頭がブリンカーをつけています。何も馬具をつけないのが正解なのは分かっているのですが、特に地方競馬ではメンタルが崩れている馬が多く、そうはいかないのです。

――まずは舌縛りの効用（効果）から教えてください。この写真は少し分かりにくいかもしれませんが、顎（あご）の下のところに、舌を縛っている白いヒモが見えますね。

上手　ひとつは、馬の舌がハミを乗り越してしまったりすることを防ぎます。舌がハミを越したり、舌でハミを上に押してこられると、コントロールが利きづらくなり、乗り手が制御できなくなるからです。もうひとつは、舌を飲み込んでしまって、空気が入ってこなくて喉がゼロゼロ鳴る馬にも舌縛りは有効です。

――なるほど、舌を飲み込んでしまう馬にも舌縛りが有効なのですね。その観点はありませんでした。舌縛りといえば思い出すのは、リオンディーズが日本ダービーに臨む際に調教から舌縛りをしたというエピソードです。リオンディーズは能力が極めて高い馬でしたが、皐月賞もその前の弥生賞でもかなり引っ掛かってコントロールを失ってしまい、惜敗していました。距離が延長される日本ダービーに向けて、どうにかして制御しようと工夫を施したのです。「この馬は舌が遊ぶことが多いので、舌を縛ってもらうように頼んだ。さらに折り合いが良くなっていた」とミルコ・デムーロ騎手も

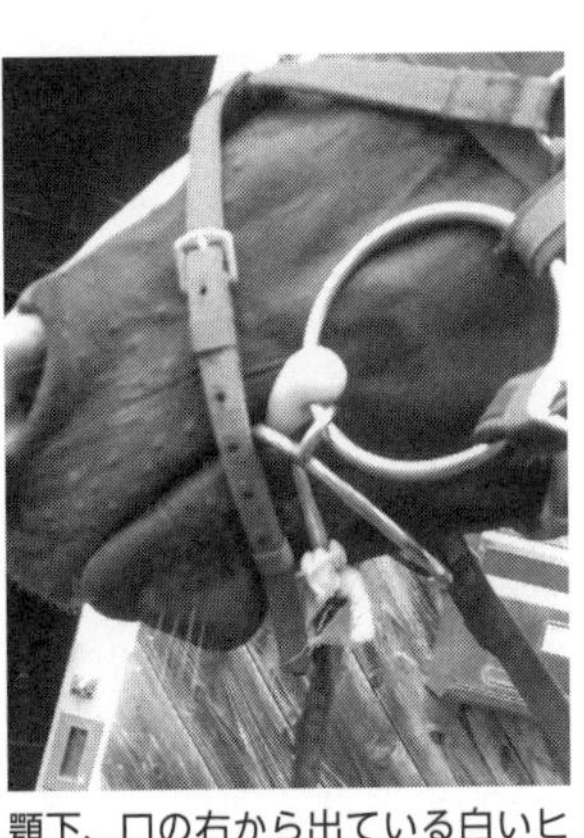

顎下、口の右から出ている白いヒモが舌縛り（永田幸宏調教師提供）

コメントしています。調教では上手く制御できていたのですが、結局レースでは口を割って行きたがる面を見せ、終始、後方から走らせなければならず、難しい馬だなと思った記憶がありますね。

上手　舌縛りをしている馬がパドックにいたとします。前走で走ったポジションを見ると1－1－1と逃げて好走しているのに、今回は外枠を引いてしまった場合、逃げられないのではないかと危惧します。舌縛りをしている馬はコントロールが利きにくいタイプなので、ガツンと勢いをつけてスタートから出していくのが怖いです。そのまま持っていかれてしまいますから。外枠からソロっと出すとしたら、内に速い馬がいれば逃げられない可能性が高まります。

舌縛りをしている馬は、頭を上げる形で抑えられてしまいがちで、脚がなかなか溜まりません。どうしても外を回らされたり、ひと息で行かなければならないような、極端な競馬になってしまいます。まさにリオンディーズがそうですよね。内枠を引けば、前の馬を壁にできたり、逃げてそのまま押し切ることができるので買いですが、その逆は消しですね。これは現場からの意見というか感覚です。

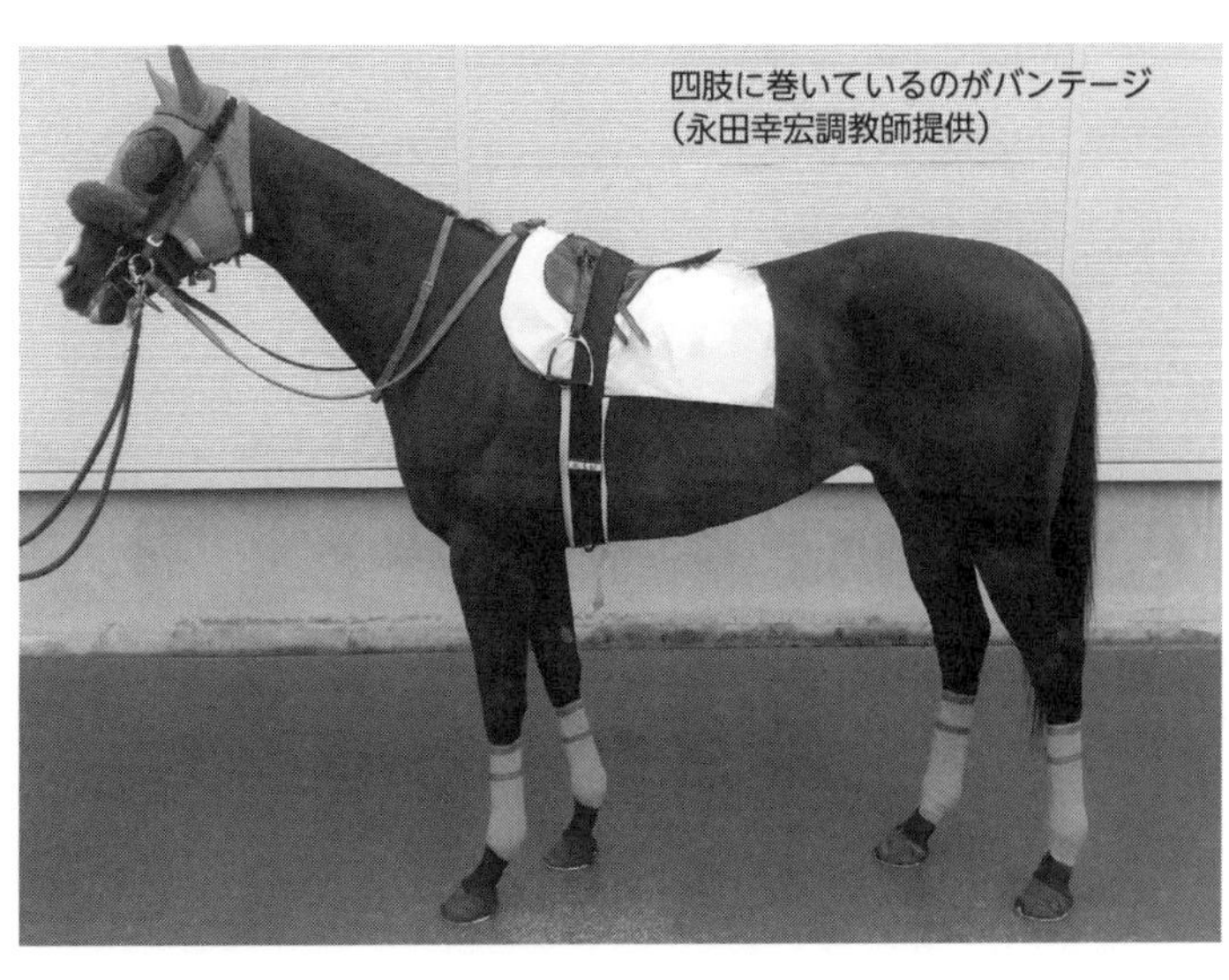
四肢に巻いているのがバンテージ
（永田幸宏調教師提供）

――次はバンテージです。僕がバンテージで思い出すのは、ヒシアマゾンのそれです。勝負服と合わせて、白地に青色の二本線が入っていました。

上手　懐かしいですね！　バンテージを後肢だけに巻いている馬は、トモズレといって、蹄と繋ぎの上にある球節の部分が沈み込んで、地面に当たって痛めてしまうのを防ぐためです。関節が柔らかい、いわゆる緩い馬はトモズレを起こしやすいです。このような緩いタイプの馬は超高速馬場に弱い。なぜかというと、関節が緩くて、身体を大きく使ってゆっくり歩けるような馬は、スピードに乏しいことが多々あるからです。また、体を大きく使って走る分、小回りの競馬場は合いません。

緩い馬が分からないという方でも、パドックで後肢だけにバンテージを巻いている馬がいたら、トモズレを起こすということは緩い馬なんだと見分けられるはずです。繋ぎが柔らかいということは全身が柔らかいのです。そして、筋肉も柔らかいことにつながります。だからこそ、筋肉をギュッと収縮させる速い動きができない、つまり瞬発力がないのです。

――バンテージって、基本的に肢を守るためにつけているので、管理馬全頭の四肢に巻いている厩舎もありますよね？

上手　そこはその馬の踏み込みを見てください（笑）。バンテージを巻いているということは、あくまで可能性として、脚を痛めているかもしれないということです。たとえば、前肢だけに巻いている馬がいたとすれば、浅屈腱や繋靭帯が張っているとか、球節を少し怪我しているとか、そういった理由でバンテージをサポーター的に巻くことがあります。

冒頭でも話したとおり、何もないということは良いことです。バンテージを巻いていないということは、過去に脚をぶつけた履歴も怪我もないということになります。本来は何も邪魔するものがないのが理想なのです。何かあるからこそ、人がわざわざ手間をかけている（馬具をつけている）ということです。

――とても勉強になります。続いてはブリンカーです。左の写真はゴールドシップです。たしか皐月賞や菊花賞、３歳時に有馬記念を勝ったときはブリンカーをつけていなかったと思い、いつからつけ始めたのか調べてみたところ、４歳の有馬記念からでした。２０１３年のジャパンカップで内田博幸騎手が乗ったにもかかわらず、勝負どころからズブさを見せて全く動かず、15着に大敗してしまったことを受け、ブリンカーをつけることにしたのだと思います。古馬になって、集中力を欠く面が出るようになってきたのではないでしょうか。

ゴールドシップは４歳の有馬記念から
ブリンカーを着用し始めた
（週刊 Gallop 提供）

上手　おっしゃるとおりで、馬のメンタルって変化していくのです。人間もそうですが、生まれたときから思春期や20代、30代と精神面ってずっと変化し続けていますよね。それは馬も同じで、特に牝馬はそうです。メンタルはホルモンバランスに大きな影響を受けます。そこでレースで負けたとき、陣営はその敗因を分析し、まずは調教でこの馬具をつけてみて、効果があるようであれば実戦でもつけてみようとします。

ゴールドシップは周りの馬を気にするようになってきたのではないでしょうか。たとえば、この写真を見てみると、右側はブリンカーで見えないにもかかわらず、何かを見ようとしていますよね。耳の位置を見ても、左右にアンテナを張っています。つまり、ゴールドシップは今この状況でも左右に何が起こっているのかを探っているのです。集中力が散漫になってきているゴールドシップに、できるだけ周りを見せないためにブリンカーをしているということです。

――そう言われてみると、これは分かりやすい良い写真ですね（笑）。

上手　ブリンカーをつけている馬は周りの馬に影響される可能性があります。だから、外枠を引いた方が良いです。内枠はやや不利です。不思議なのですが、馬ってなぜか内から来られても気にしないのに、外から来られると激しく反応するのですよ。カーブで外から被せられることに恐怖心を持っているようなのです。右回り・左回り関係なく、外から来られるのが嫌みたいです。なぜかは馬に聞いてみなければ分かりませんが（笑）。

ブリンカーの深さや浅さは、馬の怖がり度合いや周りを気にする程度を示していると考えて良いでしょう。深いブリンカーをしている馬ほど怖がりで、周りの馬を気にするということです。特に深いブリンカーをつけている馬は、枠順に影響されやすく、逃げ馬であったり、ゴールドシップのように後ろから行く馬という形で安定感が出やすい馬です。ということは、初めてブリンカーをつけた馬が外枠を引いたりしたら、馬券的妙味はありますね。また、ブリンカーをつけている馬がどうしても逃げようとすることで、レースがハイペースに流れたりします。競馬は物理でもあるのです。

片側だけブリンカーをしている馬は、どちらかの側だけを気にしたり、怖がったりするのだと思います。外から来られたときに内に逃げるとか、片側からだけの影響を受けやすいということです。

——たしかに、上手先生の話を聞いていると、競馬って物理的だと思えます。次はシャドーロールです。シャドーロールといえば、ナリタブライアンが思い浮かびます。ノーブルマーズのオムレツを載せているような黄色のシャドーロールも僕は好きでしたね。

上手　シャドーロールは脚元の影を気にして頭が高くなってしまう馬に装着すると言われていますし、砂避け（よけ）の効果があると言う人もいます。ただ、個人的にはシャドーロールがそれほど効いているとは思えないのですよね。効果があったとしても、限りがあるというか、最終的には効果がなくなってしまいます。もっと正直に言うと､単なるアクセサリーです(笑)。シャドーロールをつけていると可愛いかなという感じでつけたりします。

——ナリタブライアンを管理されていた大久保正陽元調教師も、シャドーロールをつけている姿があまりにも有名になりすぎて、最後まで外せなかったとおっしゃっていましたもんね（笑）。

それにしても、シャドーロールをつけて、脚元が見えないって、馬にとっては怖くないのですかね？

上手　怖いと思いますよ。ただ、怖いということは、走るということです。馬ってなぜ走るかというと、怖いからなのですよ。怖くない馬は走らないのです。脚が折れたり、体を痛めたりするまで馬が走るのは、恐怖心があるからです。残念ながら、レースで極限まで走らせるために、人間は馬の恐怖を煽っているのです。馬具を初めてつけるときが効果は最も高くて、次第に効かなくなって

シャドーロールはアクセサリーに近い？（週刊 Gallop 提供）

くるのは、馬が怖くなくなって慣れていくからという面もあるはずです。

――なるほど、馬具によって恐怖をつくりだして走らせるという考え方もありますね。続いては、チークピーシーズです。2021年のフェブラリーステークスに出走したカフェファラオが、1週間前の調教でチークピーシーズを試しにつけてみて、当日のレースでも使うかどうか迷い、クリストフ・ルメール騎手が返し馬で手綱を取った感触を聞いて判断しようとしたところ、ルメール騎手からゴーサインが出たというエピソードがあります。結局、カフェファラオはフェブラリーステークスを勝利しました。それがチークピーシーズのおかげだったかは分かりませんが、直前までつけるか外すかの判断が待てるのは良いところですね。

上手　チークピーシーズは脱着が自由ですし、真後ろだけ見えないだけで、ブリンカーよりも見える視野は広いです。ですから、ブリンカーをつける手前のライトな感じでチークピーシーズは使っています。

でも、よく考えてみると、チークピーシーズも後ろが見えないことで恐怖を煽っているのですよ。写真を見てもらうと分かりますが、後ろが見えないから気になって耳を立てているじゃないですか。チークピーシーズについて調べてみると、前方に集中するとだけ書かれていることが多いのですが、どちらかというと、何か良く分からないものが後ろから来るかもという恐怖ゆえに走るという見方が大切だと思います。

馬券的な話をすると、チークピーシーズをつけている馬も、ブリンカーをつけている馬と同じく周りを気にするタイプなので、外枠の方が良かったり、逃げたり極端に後ろから行ったりすると安定して力が出せます。ブリンカーよりもライトに考えてもらう方が良いと思います。

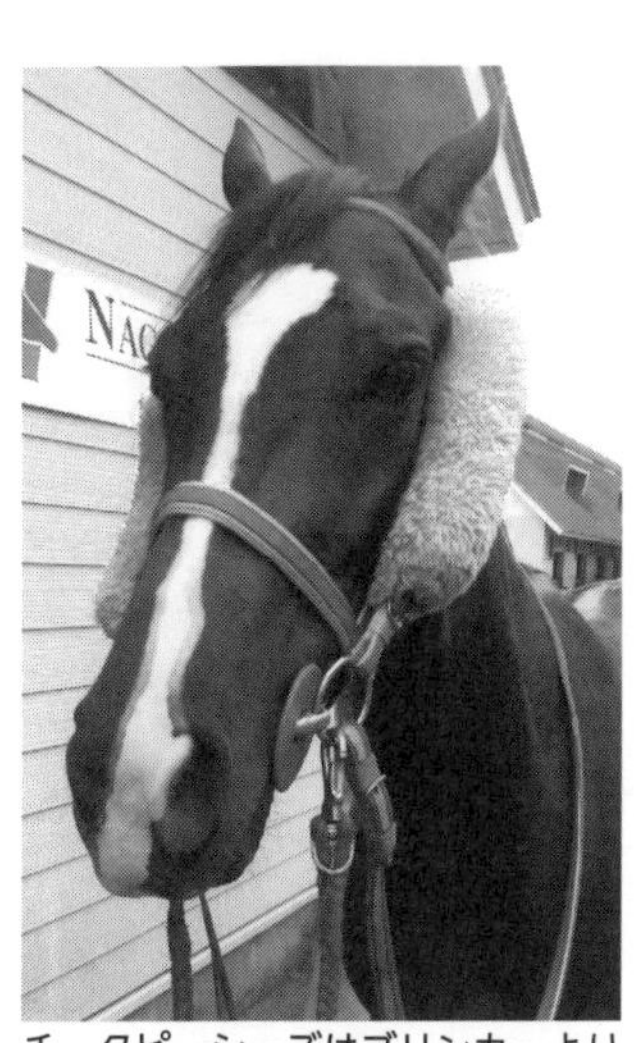

チークピーシーズはブリンカーよりもライトなイメージ
（永田幸宏調教師提供）

――次はハミです。馬の口の中に入ってしまうと分かりにくいので、ハミそのものの写真を使って説明していただきたいと思います。

上手　ハミは5000年ぐらい前から存在していて、歯槽間縁（しそうかんえん）という、奥歯のところに歯がない部分があるからハミが使えたというものです。よくよく考えてみると、ここに歯がないって、不思議な話ですよね。

ハミは人の手と馬の口をつなぐ道具だと思ってください。人の手は馬の口に届かないので、ハミから手綱を通して、馬の口を感じることができるのです。馬の口に自分の手をかけている感覚であって、ハミに様々な形があるのは、その馬にとって合う手の形を探し求めているからです。そう考えると、繊細な道具でもありますね。

水勒銜（すいろくはみ）、エッグビットなどは、マイルドなハミになります。対して、Dハミと呼ばれる、手の形がDになっているハミは口角に当たるところが角ばっているのでハード（刺激が強い）なのですよ。逆に口角に当たるところが丸い方が当たりは弱いです。

ということは、丸いハミを使っている馬はコントロール性能が高い、先行・差しどこからでも行けますというタイプの馬です。脚を溜めやすい馬と考えてもらっても良いでしょう。ただ、今このような普通のハミをつけてレースで走っている馬はとても少ないです。私はサンデーサイレンスの影響だと思っています。前進気勢が強く、スピードが速くなってきて、より硬めの刺激の強い手を使わなければコントロールが利かなくなってきているのです。

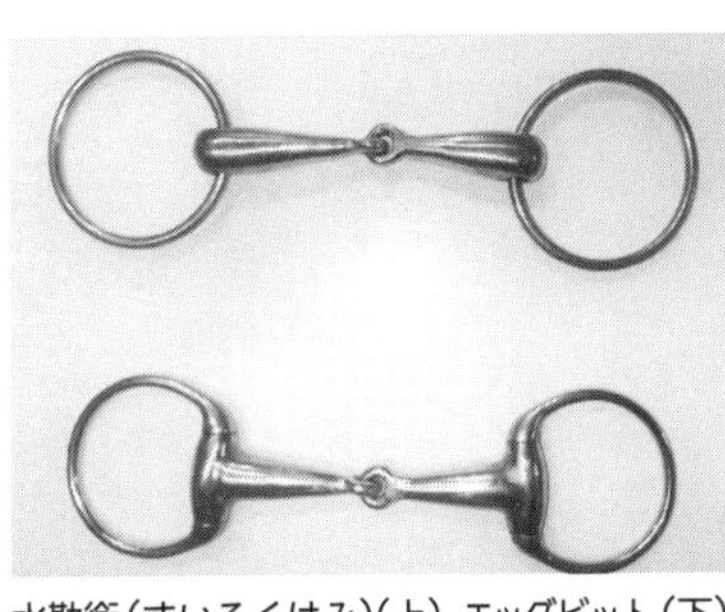

水勒銜（すいろくはみ）(上)、エッグビット（下）
(永田幸宏調教師提供)

リングビット（上)、Dハミ（下)
(永田幸宏調教師提供)

それから、インターネットの普及により、私たちが様々な種類のハミもあるのだと知ることができたということも大きいです。昔は普通のハミしかなかったのですが、少しずつ違うハミがあることを知り、使ってみると便利なので、次々と新しいハミが導入されたという流れです。それでも、今日本で使われているハミの種類はまだまだ少ないですね。かつてベルギーの馬具ショップに行ったとき、そのお店だけでも200以上の種類のハミがあってワクワクしました。

――競馬ファンからすると、たくさん種類があって分かりにくいぐらいですが、本当はもっと多いのですね。僕たちがパドックでハミを見分けるとすれば、やはり外から見える部分が丸くなっているか、角ばっているかぐらいでしょうか？

上手　そうですね。これは外から見分けられるか微妙ですが、馬の舌に当たる部分がゴムになっているかどうかも重要です。たとえば、下の写真のようにトライアビットのゴムは、口角に当たる部分が丸になっていて、舌に当たる部分がゴムになっています。このようなハミを使っている馬は口が繊細です。私たちの手にゴムをつけているのと同じ感じです。金

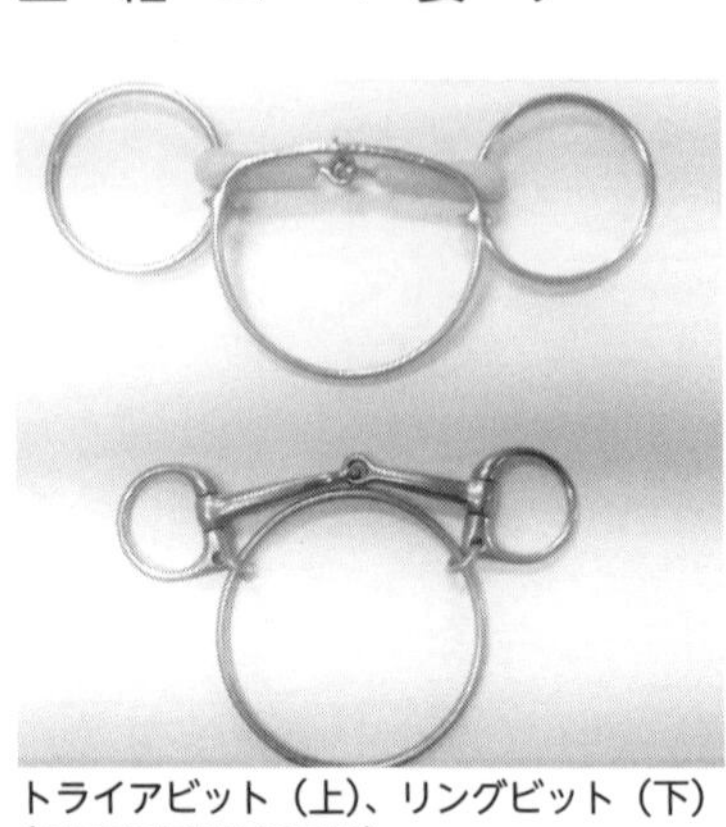

トライアビット（上）、リングビット（下）
（永田幸宏調教師提供）

属だと当たりが強くて嫌がる馬です。

ノーマルなハミをつけている馬はコントロールが利く可能性が高いです。ガンガン行く馬ではなく、折り合いがつけやすく、脚を溜めやすいタイプですね。逆に、ピーウィービットやジェーンリーグルビットのような強いハミをつけている場合は、かなり引っ掛かるタイプの馬です。トライアビットやリングビットはその中間ということです。

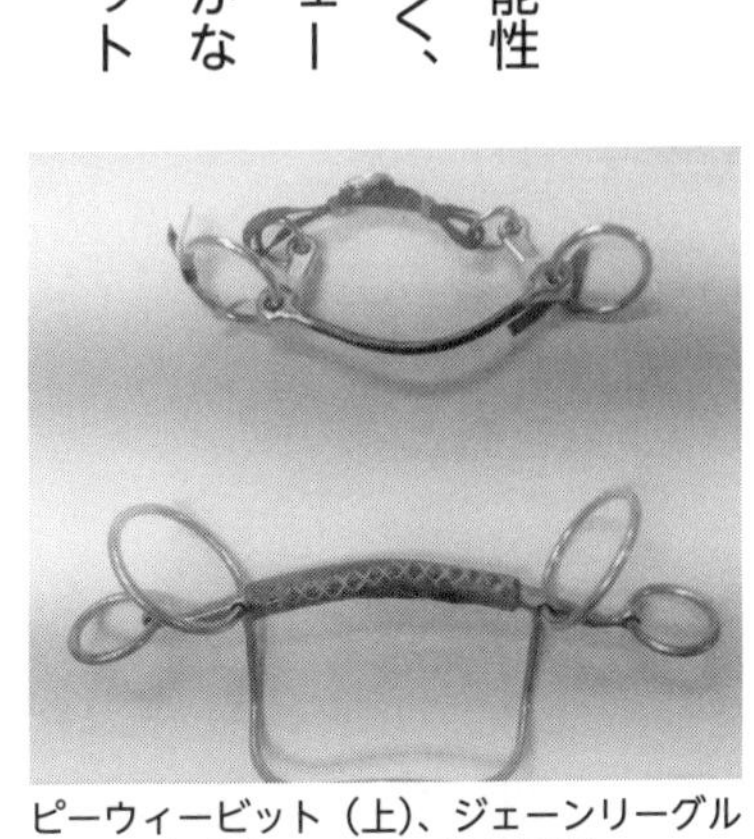
ピーウィービット（上）、ジェーンリーグルビット（下）（永田幸宏調教師提供）

つけているハミの種類で、行きたがる馬なのかそうではないのかが見えてきます。そういう意味でも、ハミの種類と枠順やペースは関係が深いということです。行きたがる馬は、外枠やスローペースでは折り合いがつきにくく、脚が溜められないですからね。

――次はハミ吊りです。これも舌がハミを越さないように、ハミを固定するための馬具ですね。

のちに登場しますが、ノーズバンド（クロス鼻革）と同じような効用があります。

上手　そのとおりです。ハミ吊りといえば、ミスターシービーを思い出してもらえれば良いと思います。ハミがブレないように上から固定する馬具です。ただ、ハミを上に吊るということは、解剖学的には鼻腔や前頭骨に力がかかるので、脚が溜まりにくいはずです。できれば下顎骨などの斜め下方向に力をかけた方が脚は溜まりやすいはずなので、個人的にはハミ吊りは好きではないです。パドックで見かけたときは、前述の舌縛りをしている馬と同じ考えで良いと思います。

――続いて、ホライゾネット（パシファイアー）についてお願いします。ホライゾネットは最近、パドックでも良く見かける気がします。

上手　たしかに多くなってきていますが、私が16歳のときニュージーランドに行っていた頃はトロットレースではどの馬もつけていました。20年以上前からデフォルトで使われていましたね。前から飛んでくる砂を避けるためでしょう。それから、岩手の永田先生（永田幸宏調教師）が「サングラス」と面白い表現をしていました。視界が暗くなったり、視界を遮るので、馬が落ち着くということです。

――なるほど、自分がホライゾネットをしたつもりになってみると、たしかにサングラスをかけているようで落ち着くかもしれません（笑）。

2023年の東京新聞杯にて、ウインカーネリアンがホライゾネットをつけて、逃げ切りに成功しました。前年のマイルチャンピオンシップで入れ込み、ゲート内で暴れて出遅れてしまったことを踏まえ、東京新聞杯ではホライゾネットをつけて臨むことにしたそうです。それが功を奏したのか、ウインカーネリアンは落ち着いてゲートを出て快勝しました。馬を落ち着かせる効果があるのでしょうね。

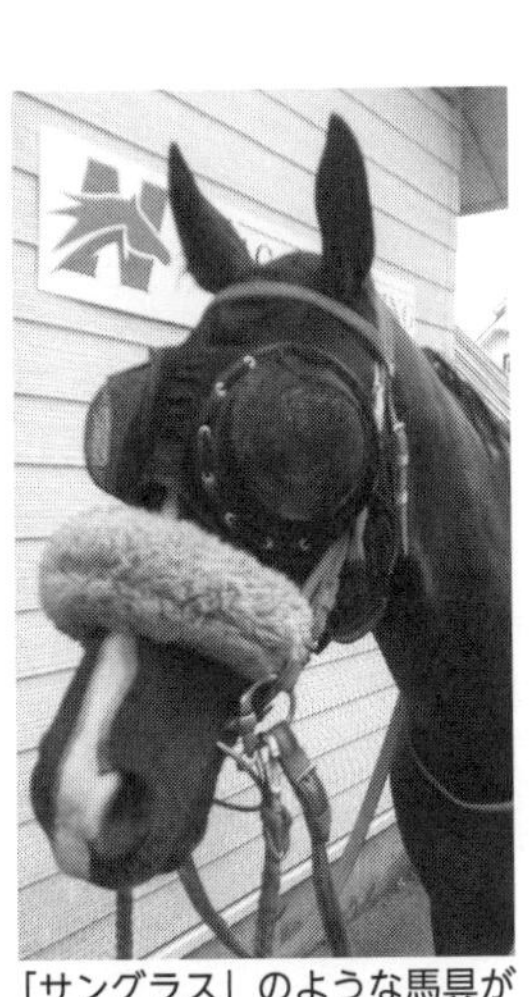

「サングラス」のような馬具がホライゾネット
（永田幸宏調教師提供）

僕はパドックでホライゾネットをつけている馬を見ると、どうしても買いたくないなと思ってしまいますが、買いポイントや消しポイントはあるのでしょうか？

上手　以前はつけていなかったけれど、今回はつけたという馬は狙いではないでしょうか。そういう変化のときは、馬がかなり変わるので、馬券を買ってみても面白いと思います。逆に、ホライゾネットを外したときは上手くいかなかったということですから、消しで良いのではないでしょうか。

――次はメンコです。これは最も一般的な馬具ですから説明不要かと思われますが、念のため教えてください。メンコといえば、僕が思い出すのは山内厩舎のピンク色にベンツ風のマークがついているそれですね。懐かしいなあ。

上手　メンコには耳ありと耳なしがあります。耳なしはトレードマークという意味を持つだけですが、耳ありには音を遮断する効用があります。馬って怖がりなのですよ。その恐怖が走る方向に向けば良いのですが、そうではない場合もあります。音が入ると、怖くて暴れたり、テンションが上がってしまったりします。そうなると人間がコントロールできなくなる。そうならないためにメンコをつけます。

――海外のパドックやレースを観ていると、メンコをつけている馬がほとんどいないことに驚かされます。日本って、昔に比べてもメンコをつけている馬が多くなってきていますよね？

上手　サンデーサイレンスの影響じゃないですかね（笑）。私も自分の所有馬にはメンコをつけるのですが、やはりつけるとつけないでは全然違うのです。調教でもレースでも、メンコをつけると馬が前しか見なくなって集中します。メンコをつけないと、耳をあちこちにキョロキョロするのですよね。音を遮断すると、気にしなくなって、真っすぐシャンシャンと歩くようになり、扱いやすくなります。私の感覚だとかなり効果があるので、つける馬が多いですね。最も効果があって、しかも悪影響が少ない馬具かもしれません。

——次は折返し手綱です。最近ですと、メイケイエールなどが装着して有名ですね。

上手　口が敏感であったり、頭を上げる癖のある、引っ掛かる馬に対して用います。馬が頭を上げると騎手は抑えられなくなってしまいます。そのため、馬の頭を下げるためにつける道具ですね。普通のハミは口と手しかないのですが、折返し手綱は口と手とお腹という3つの作用点があり、支点が2つになるので拘束力が極めて強いのです。スピードを落としてしまう可能性があるため、それでも強く拘束したいという陣営の気持ちの表れでもあります。パドックで折返し手綱をつけている馬を見たら、頭を上げてしまう馬なのだと思いましょう。

——次はビットガードです。僕が最近覚えているのは、2019年の菊花賞や2021年の天皇賞・春を勝ったワールドプレミアがつけていたことです。

上手　口角に当たる部分がゴムなので、マイルドな馬具です。気性が激しい馬や口向きに問題がある馬は、ビットガードを使うと引っ掛かってしまう可能性がありますね。私は牝馬に乗るときによく使っていますが、口が繊細な馬やゆったりと優しく乗ってあげたい馬にはビットガードをつけます。パドックでビットガードをつけている馬を見たら、口が繊細で敏感な馬だと思ってください。

私が育成で騎乗したことのあるＧ１馬がいまして、その馬は口が繊細でビッドガードをつけていました。Ｇ１以外の重賞は勝てなかったのですが、今から思うと、Ｇ１レースでペースが速くなったことが功を奏したのではないでしょうか。ビットガードをつけているような馬は、口が敏感なので、ギュウギュウ引っ張られたり、抑えられるようなレースを苦手とするのです。

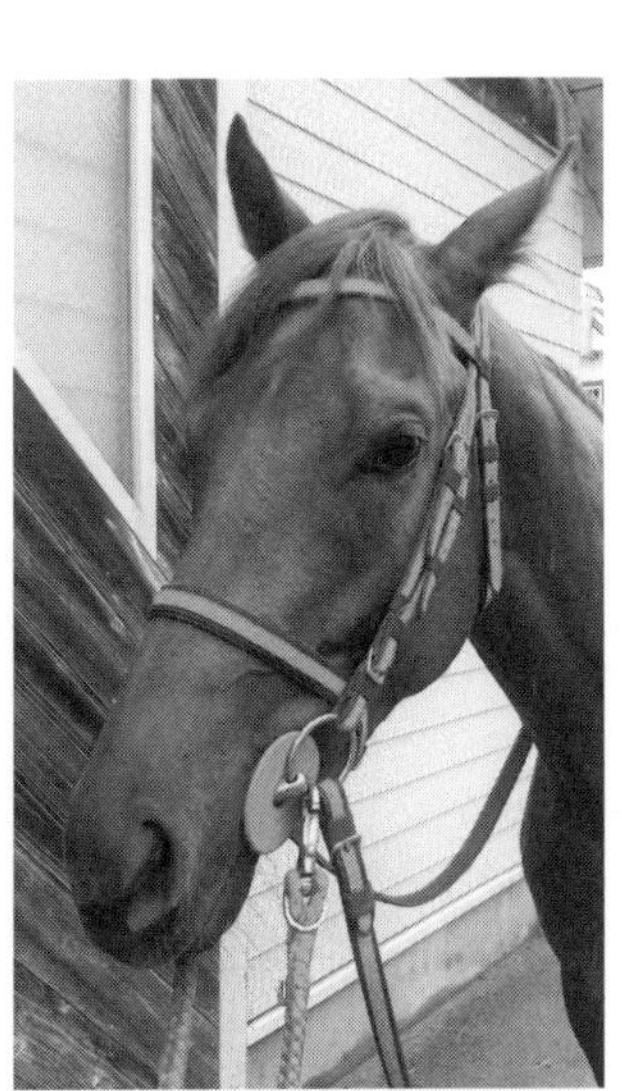

ビットガード着用馬は口が繊細で敏感なタイプ（永田幸宏調教師提供）

――次はノーズバンドです。次ページの写真のように馬の鼻のところをクロスして結ぶので、クロス鼻革とも呼ばれますね。

上手　これは口を閉じさせる馬具です。鼻革で顎と鼻を止め、口が開けられないので、ハミを正しい位置に固定することができます。よって、ハミ受けが良くなり、脚を溜めやすくなります。私が山元トレセンで乗っていたときはよくつけていました。鼻革をつけた方が乗り役も乗りやすいのです。素材もゴムや革など様々あり、革の方がゴムよりも固定力は強いです。

――2023年の日本ダービーを勝ったタスティエーラがつけていましたね。皐月賞まではノーズバンド（クロス鼻革）をつけていませんでしたが、距離が延長されて、折り合いがより求められることを考慮したのか、日本ダービーに臨む際に装着してきたのでよく覚えています。

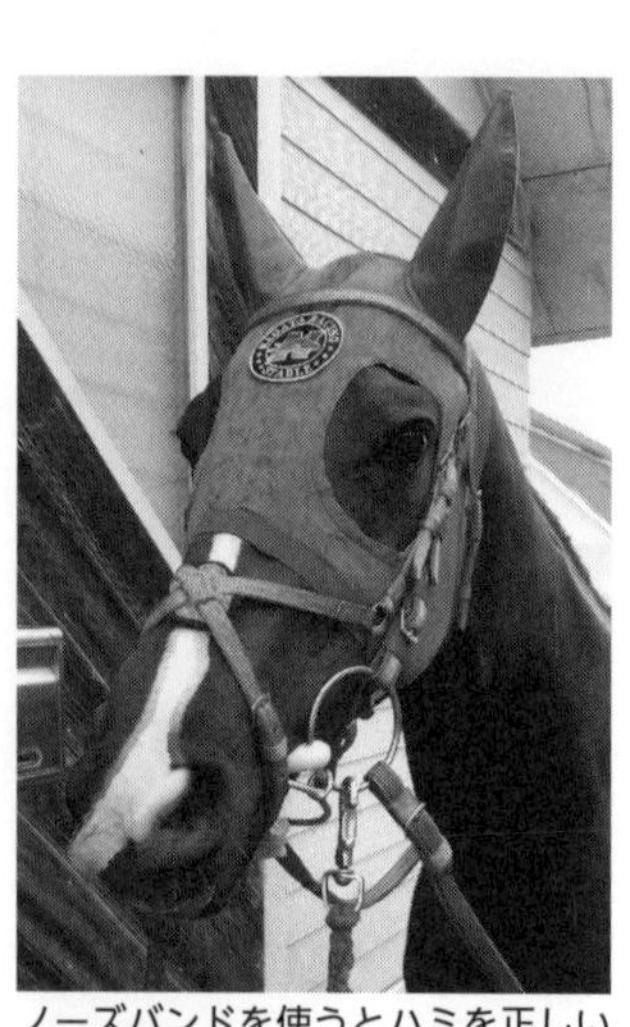

ノーズバンドを使うとハミを正しい位置に固定することができる（永田幸宏調教師提供）

上手　ノーズバンド（クロス鼻革）をつけると、よりコントロールしやすくなりますからね。パドックから馬券につなげるとなると難しいのですが、初めてつけるときはこれまで以上に上手にレースができる可能性が高まるということでしょうか。そう考えると、馬具って奥が深くないですか。

――奥が深いですね。こうして話を聞くと、馬具を見ないで馬券が買えなくなりそうです（笑）。最後はコンプレッションフードについて教えてください。

上手　最近、良くつけていますよね。コンプレッションフードをつけると、耳の後ろのツボが刺激されて、不安を解消することができます。それから、たとえば私ですと枕の間に頭を挟んで寝ると気持ち良いと感じるのですが（笑）、馬もピタッと顔を覆うとリラックス効果があるようです。コンプレッションフードは普段使いすることができるので重宝しています。効果がない馬もいますが、効く馬には本当に効くので、まずは試してみると良いです。つけて10分もすれば効果が出ますよ。つまり、コンプレッションフードをつけている馬は繊細であったり、気難しい面があると考えて良いはずです。私が所有しているゴールドシップの産駒にも使っていますね。

――僕がオーストラリアで共有している牝馬もコンプレッションフードを装着していますす。最初は半信半疑でしたが、多少なりとも効果があるようです。

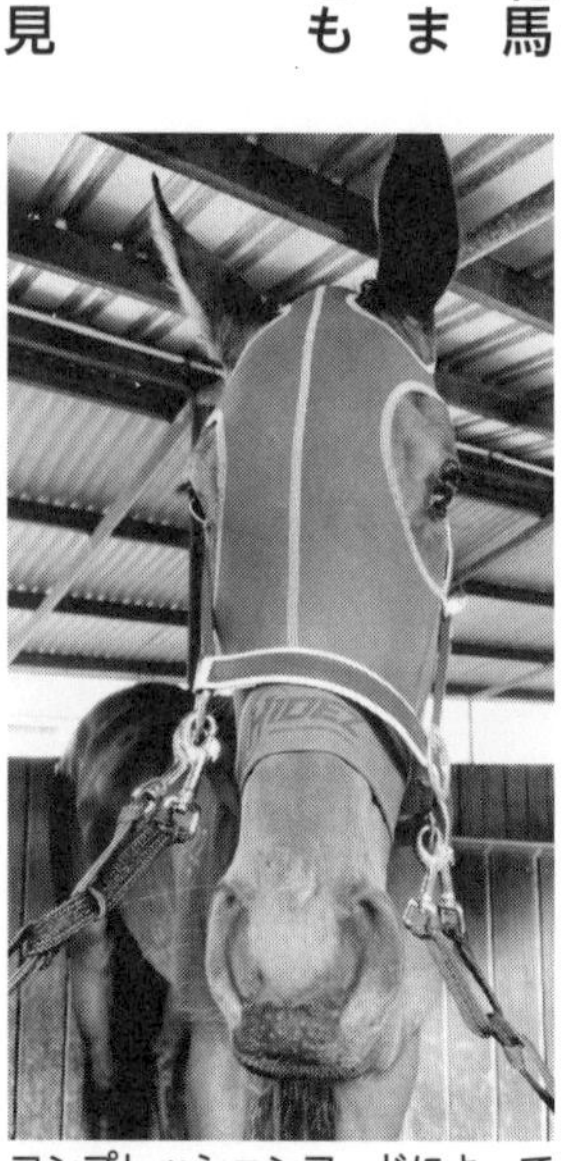
コンプレッションフードによって不安解消やリラックス効果が得られる（西谷泰宏調教師提供）

最後に、馬具以外の観点で、パドックで見るべきポイントを教えてください。

上手　後肢がイーブンに歩いているかどうかが最も大切です。右肢と左肢の歩き方に差があることは問題です。今まではイーブンに歩けていたけど、今回のパドックでは歩けていないパターンもあれば、今まではイーブンに歩けていなかったけど、今回のパドックでは歩けているというパターンもあるはずです。後者の場合は買いです。

そして、実は馬の80％ぐらいは後ろの右肢が悪いです。パドックで1歩、2歩と歩くとき、右の後肢がグッと高くなる馬は右肢が痛いということです。なぜ高く上げるかというと、きちんと肢を地面につくことができないから高くなってしまうのです。ちなみに、私も右の足が悪いのですが、それは馬に蹴られたからです（笑）。

ちなみに、右肢が悪いのは、競走馬のみならず乗馬でも同じです。とはいえ、20%ぐらいは左肢が痛いので、右と左の肢のどちらも均等に見るべきです。左肢がグッと高くなるように歩く馬は左肢が痛いということです。特に重賞などのレベルの高いレースのパドックでは大きな差が出てきます。新馬戦や条件戦ぐらいですと、多少、右後肢が痛かったとしても、エンジンさえ違えば勝ってしまいますからね。能力が均衡しているレースにおいては、わずかな差が0コンマ何秒の差として出てしまいます。たとえば、２０２３年の天皇賞・春のタイトルホルダーはパドックで右後肢が高く上がっていました。

右肢と左肢がイーブンに歩けているかどうか、真後ろから見た方が分かりやすいです。テレビやモニターですと見にくいと思いますが、私は斜めからでも分かりますね。２つに割れているお尻のいちばん高い部分の左と右、どちらが高く上がっているかを見るべきです。意外と簡単ですよ。

――左右の後肢の沈下度の差については、以前にも上手先生に教えてもらったことがあって、何度か真後ろから見てみたりもしたのですが、僕は見分けるのが意外と難しく感じました。やはりたくさん見ることが必要で、慣れの問題なのですかね。

上手　そうですね。これは技術なので、繰り返し見ることを通してトレーニングしてみてください。トレーニングで馬券が当たるようになれば良いじゃないですか。パドックだけではなく、予想するにおいて他の要素や情報を持っている方にとっては、さらに勝てる可能性が高まるはずです。

馬が歩くとき、どちらの肢から歩き始めるのかといえば、後肢が先です。人間でも四つ足になって歩いてみると、筋肉量の豊富な後肢から歩くことが体感できると思います。大腿筋膜張筋や中殿筋、半膜様筋などの筋肉が推進力となって、後肢から歩くのです。右肢を痛めるのは、右利きの馬が多いからではないでしょうか。馬って左回りの方が回りやすいのですが、それは右後肢で地面を蹴って、左手前を軸として回るからです。つまり、右後肢はよく使っているからこそ痛めやすいのです。

――とても分かりやすく説明してくださって、ありがとうございます。馬具は馬のメンタルを知るために有効であり、馬の動きを見るときは後肢がイーブンに歩けているかどうかが最も大切ということですね。

上手　最後に、宣伝っぽくなってしまいますが、２０２４年から新しい事業を立ち上げます。「エクワインベットブリーディング（ＥＶＢ）」という、繁殖牝馬を皆で持ちましょうという主旨の事業です。会費と合わせて月額１５４０円（税込）で繁殖牝馬を、生まれてくる仔馬は月額５５０円（税込）で共有することができます（繁殖牝馬によって多少の違いは出てきます）。５００口募集です。仔馬をセリ等で売る、もしくは「Equine Vet Owners Club」で買い取るという形でキャッシュバック（配当）するというプロジェクトです。

――ピンと来ない方もいらっしゃるかもしれませんが、一口馬主ではなく、一口繁殖牝馬ということで、今まで前例がない最先端のプロジェクトですね。今は馬が高く売れる時代ですから、配当を期待しても良いと思いますが、何よりもサラブレッドの生産という競馬で最も面白いステージを体験できるのが素晴らしいです。

上手　ゴールドシップ産駒の牝馬が「Equine Vet Owners Club」にいるのですが、その馬を繁殖牝馬にしたいと考えたとき、皆さんと生産の楽しさを共有したいと思いました。そうしたら、このような形がベストではないかと思いついたのです。参加していただくには、馬主資格は必要ありません。金融商品ファンドでもありません。皆さんに楽しんでもらえるように、できる限りフェアにやっていきたいですね。たとえば、種牡馬は皆で投票して決めたいと考えています。種付け料はいくらまでと枠を設定した上で、できるだけ高くセリで売れそうな種牡馬を配合してみましょうという感じです。２０２４年春から種付けを開始していきたいと思います。

やーしゅん氏に聞く「馬の歩きの見方」

チャンネル登録者数13万人を超える「やーしゅん馬体予想」を主宰する馬体診断YouTuberであり、中央競馬や川崎競馬にてパドック解説も務めるやーしゅんこと鈴木俊也氏に、パドックにおける「馬の歩きの見方」をテーマとして教えてもらいます。

――本日はお忙しい中、インタビューに応えていただき、ありがとうございます。お互いに川崎競馬のパドック解説を担当しているにもかかわらず、こうしてゆっくり話を聞けるのは初めてになります。やーしゅんさんのことを知らない方はいないと思いますが、簡単に自己紹介というか、これまでの経歴等を教えていただければ幸いです。

数年前、競馬関係ではない全く別の業種の方と話す機会がありまして、その男性は僕が競馬の仕事をしていることは知らずに、たまたま競馬の話になったのです。G1のような大きなレースになると馬券を買って楽しむというライトな競馬ファンだったのですが、YouTubeはたまに見

やーしゅん（鈴木俊也氏）
プロフィール

1993年横浜生まれ。追分ファームにて競走馬に騎乗し、育成に携わった経験を生かし、競馬ラボ「馬体FOCUS」、日曜東スポ競馬面・馬体予想コラム連載、ラジオ日本「土曜・日曜競馬実況中継」パドック解説レギュラー、川崎競馬インターネットパドック解説（鈴木俊也）など多方面で活躍中。

たりするようで、「やーしゅんの予想は参考にしている」と言っていたのですよ。そのときやーしゅんさんの知名度の高さと僕の低さを思い知りました（笑）。やーしゅんさんはコアな競馬ファンだけではなく、ライトなファンにも広く支持されているということです。

やーしゅん氏（以下敬称略）　ありがとうございます。追分ファームに入社したときは競走馬に携わった経験がなかったので、最初の数か月は馬に慣れるという意味でも1歳の中間育成（イヤリング厩舎）を担当していました。馬の扱いにも慣れ始め、また私が体格的に細身で、馬に乗れそうな体つきをしていたこともあって、1年目の新人にもかかわらずリリーバレーの育成場に行かせてもらうことになりました。競走馬に跨っていたのは、約4年間ですね。

さかのぼると、父親が競馬好きで、私もよく一緒に観ていました。小学5、6年生の頃にちょうどディープインパクトが登場したのが最大のきっかけですね。ジョッキーに憧れたこともありましたが、比較的背が高かったですし、視力も良くなかったので、あきらめざるを得ませんでした。そこから代わりにＪＲＡの厩務員を目指して、経験を積もうと思い牧場に就職しました。

――なるほど、そういう経緯で追分ファームに入り、馬に乗るようになったということですね。その間、多くの競走馬に騎乗されてきたはずですが、実際に背中に跨ってみて、これは凄いなと感じた馬はいますか？

やーしゅん　ディープインパクト産駒のヴィクトリースターというオープン馬はよく覚えています。平地で4勝して、障害競走でも1勝を挙げた馬です。２０１４年の七夕賞や京都大賞典にも出走したことがあります。ヴィクトリースターは４５０kg～４６０kg台で走った、いかにもディープインパクト産駒らしい馬でした。背腰に慢性的な痛みがある馬で、常歩（なみあし）ができないのです。1、2、3、4のリズムを刻んで、大きな歩度（ほど）できちんと常歩を踏むのは馬にとって意外と難しく、どこかに痛いところがあるとできないものです。

ヴィクトリースターは跨ったときからコトコトしていたのですが、初めて坂路で13秒台の時計の速いところを出して行ったとき、ガツンというさすがの行きっぷりに驚きました。それと同時にあんなに硬かった馬の前肢が綺麗に伸びて、フットワークがギューンと伸びたのです。キャンターに行くと変わるという言葉の意味が、あのとき初めて分かりました。4つ勝っている馬はダテじゃないと思いましたね。

デビューする前のサングレーザーに乗ったこともあります。母マンティスハントの仔は何頭か乗ったことがあり、それらの馬たちとはタイプが違うなとその頃から思っていました。マンティスハントの仔たちは500kgを優に超えるようなガッシリとした馬体を誇るパワータイプだったのに対し、サングレーザーは細身で馬体の幅が薄い馬でした。半兄のクロスボウだけは薄いタイプで5勝(うち障害1勝)と走っていましたので、サングレーザーも走るのではないかと期待していました。重賞まで勝つかどうかは分かりませんでしたが、まず勝ち上がっていく馬だとは思っていましたね。

――走る馬の背中を知っているというのは羨ましい限りです。また、競走馬が成長していく過程を体感しているのは、競馬に携わる仕事をする上での財産ですよね。その後、馬の背を下りて、競馬について発信する側に立ったわけですが、何かきっかけはあったのでしょうか？

やーしゅん　学生時代から厩務員を目指していたので、普通科の高校に行くよりも畜産等を学べる方が良いかな？　と考えて農業高校に入学したのですが、農業高校には弁論大会のようなものがあり、よく出させられていたんです。私は鶏や豚を専門にしていたのですが、どういう餌を与えたらどのような卵を産んだという研究結果を発表するのです。スピーチ原稿を書き、実際に発表するということをかなりやっていました。文章を書いたり、人前でスピーチしたりするのは慣れていましたし、好きでしたね。

牧場にいた頃も、自分の騎乗馬についての報告をびっしりと書いて、そのままクラブのレポートとして使われたりしていました。約7～8年前はJRAの厩務員が狭き門であり、自分の馬乗りとしての限界も見えてきて、一旦牧場の仕事を離れたとき、タイミング良く競馬ラボさんの「馬体FOCUS」という記事を書く仕事をいただき、発信する側に転身したという経緯です。

——なるほど。だからあんなに上手に話せるのですね。それまでの全ての経験が生きてきますし、素晴らしい転身ですね。馬体診断のコラムやYouTubeチャンネルを提供されていますが、馬体を見始めたのはいつ頃からでしょうか?

やーしゅん　馬体写真を見て、これいい馬だな、走りそうだなと考えていたのは中学生ぐらいからです。POGなども熱心にやっていました。今でこそ、インターネットで調べたら馬体の写真などは簡単に手に入りますが、私が中学生の頃ですと、それこそ競馬週刊誌や本などを手に取って見ていました。

——今や中央競馬のみならず川崎競馬でもパドック解説をされているように大活躍ですが、パ

ドックで馬を見ることは、立ち写真を見るのとはまた違った見方が求められると思います。そこで本題に入りますが、やーしゅんさんがパドックで馬を見るとき、最も大事にしているポイントは何ですか？

やーしゅん　最近、気にして見ているのは、馬の歩様です。上手健太郎獣医師もそう言っていると思いますが、後肢の歩様を気にして見ています。競走馬の身体において最も大きな筋肉はやはりトモ（後肢）の筋肉です。ということは、トモの筋肉を効率よく使えなければ、速く走ることは難しいわけです。馬に乗っている人のコメントを聞くと、「トモが甘い」とか「後ろが緩い」などという言葉はよく聞かれますが、一方で前躯に関する言及を聞くことはそう多くありません。ということは、馬を扱う人たちも後肢の重要性を感じているということであり、やはり後肢を均等に使えないと、その馬にとっての力を発揮することは難しくなるということだと思うのです。

パドック解説をする際には、出走全馬の前走パドックにおける歩きを見て、左と右のどちらのトモが悪いなどを見極めておきます。大体において、トモに課題を残す馬は前肢も気になるケースが多いです。右トモが痛いと、かばって対角線上の左前肢が痛くなったりします。硬さに関しては前肢の方が顕著に出やすいため、左前肢が硬いなと思って後ろを見てみるとやはり右トモの入りが甘かったりします。それらをメモしておいて、今回のパドックでも変わっていないようであれば、「まだ良くなる余地がある」と解説してみたり、逆に良くなっていれば、「今日は良いですね」と高評価します。

それとパドック解説ということになると、治郎丸さんもお分かりかと思いますが、時間が限られますよね。5分、10分とずっと見ていられるのであれば、体つき等をじっくり見ることも可能ですが、時間にすると2、3分しかない中で全頭をチェックして、何を伝えるか考え、推奨順まで決めるとなると、どこを見るかというポイントは絞らなければいけません。そこでトモの踏み込みに重きを置いているということです。

——たしかに出走馬たちの全てを見ることは不可能ですよね。トモの踏み込みに絞って見ているとしても、全頭の歩きの良し悪しを見極めているのは凄いです。

やーしゅん　実は綺麗に歩けている馬ってとても少ないのです。これは中央競馬も地方競馬も同じです。体を綺麗に使って歩けていて、調子良さそうだなと感じさせる馬はごくわずか。ほとんどの馬は左右どちらかのバランスが崩れているのが実状です。

後肢ハ行を見るためには、仙骨周りの振り幅だったり、左右それぞれの使い方を見るわけですから、馬の後ろからが見やすいですね。飛節や球節の沈下具合を見るのも同じことですが、左右どちらかに痛いところがあれば、そちらの肢をしっかりとつけないので、逆脚の沈み込みが深くなります。ただパドックは楕円形ですから、縦に歩いてくれる時間は限られています。そのチャンスを逃さないように、しっかりと見るようにしています。

――現場で馬を扱っていた上手先生もやーしゅんさんも同じように、後肢・トモのバランスとおっしゃっているということは、そこに競走馬が走るためのメカニズムのようなものが隠されているのだなあと思います。

やーしゅん　競走馬には右手前、左手前があり、キャンターでは三拍子で走っています。右手前だと左後肢で蹴って走り、その逆も然り。ですから、右後肢が良くない馬ですと、最後の直線で左手前に変わるコース、つまり右回りのコースではあまり向かないと考えることもできます。そのときだけ右トモが良くない馬もいれば、慢性的に良くない馬もいます。そのときの状態や馬の個性を見て、条件に合うかどうかを判断していく必要もありますね。

——なるほど、そうして細かく見ていくと奥が深いです。やーしゅんさんがパドック解説の中で「歩きが良い」とおっしゃっているのは、後肢の左右の踏み込みが均等だという意味なのですね。

やーしゅん　そのとおりです。基本的にパドックの外めを活気よく元気にキビキビと歩けている馬は、歩きのバランスで見たときも左右均等にトモの筋肉を使えていることが多く、内側をトボトボと歩いている馬は左右のバランスが崩れていたりしますね。パッと見たときの歩きの良さと、後肢の沈下度のバランスの良さは通ずるところがあります。

――やーしゅんさんはパドック解説の中で「緩い」というコメントもよく使われていますが、どういうニュアンスでしょうか？「緩い」はかなりあいまいな言葉であり、定義が難しいですよね。

やーしゅん　ブレるという意味で私は使っています。たとえば一歩一歩周回するときに、腰回りがフラフラ左右に揺れてしまう馬がいますが、それは体幹がしっかりしていない、身体の芯の緩さです。もうひとつの緩さとしては、筋肉の緩さがあります。筋肉が詰まり切っていないため、たとえばトモを踏み込むときにブレてしまい、非力に映ってしまうような緩さです。

おっしゃるとおり、緩いという言葉は抽象的で、どこからが緩くて、どこまでは緩くないのか線引きが難しい。人の基準にもよりますし、その馬にとっては緩くないという馬の基準もあると思います。感覚的な部分はかなり大きいと感じますね。

いずれにしても、緩い馬は身体の芯がしっかりしていないため、動こうと思ったときにスッと動けなかったりします。競走馬がいちばん速くダッシュしなければならないのは、ゲートがオープンしてからのところです。ラップを見ても、2ハロン目が最も速くなりますよね。緩い馬は最初の2ハロンでどうしてもついて行けなかったり、ついて行けたとしてもそこで力を使い果たしてしまったりすることになりがちです。

——よく分かります。僕もパドックで柔らかくて良く見えた馬が、スタートしてから最初の直線でレースの流れに乗れず、あーって落胆することがあります（笑）。緩さと柔らかさって表裏一体ですからね。

僕は今、川崎競馬場のみのパドック解説ですので、ダートに適した緩さの馬を狙えば良いわけですが、やーしゅんさんは中央競馬も解説されているので線引きがより難しいと思います。ダートと芝で緩さに対する基準を変えたりはしますか？

やーしゅん　ダートの場合は、多少硬さがあっても良いかなと考えています。むしろ強さに通ずるくらいの硬さがほしいぐらいです。ダートの良馬場ですと、クッションが利いて、力が逃げてしまうことになります。そうした中で走るとき、馬の身体に芯が入っていないと、馬場も緩くて馬も緩いという緩い同士になってしまい、前に進んでいきづらいかなと感じます。

硬さは強さでもありますし、緩さは柔らかさであり、表裏一体ですよね。ダートの場合は少し硬さがあった方が良く、芝は硬いので身体も硬いと硬い同士で馬への負担は大きくなります。また、芝の長距離であれば、スピードの絶対値をさほど問われないので、多少緩くても問題ありません。さらに緩いタイプであれば、最もスピードを問われないダートの長距離が合う……といったように、馬の緩さによって向いている条件は異なってきます。

——馬場や距離によって、求められる緩さや硬さは変わってくるということですね。ダートは緩い同士が合わなくて、芝は硬い同士が合わないという考え方はとても分かりやすいです。

少し意地悪な質問かもしれませんが、たとえば、前走のパドックで右トモが高くて均等に歩けていなかったにもかかわらず圧勝した馬が、今回のパドックでも同様に歩きが改善されずに出て

きて圧倒的な人気に支持されている場合、推奨馬として挙げますか？

やーしゅん　前回と同じ程度の状態で勝てるメンバーであれば挙げても良いと思いますが、推奨1番手にはしたくないですよね。「前走もトモが良くなくて、今回も改善はされていないのですが、前走も勝ちましたので、能力的にも……」といった具合に注釈をつけると思います。いずれにせよ、まだ良くなる余地があるということは伝えます。

ラジオ日本と川崎競馬でパドック解説をさせてもらって、それなりに場数はこなしてきましたので、なんとなく見えてきたことがあります。極論を言うと、お客さんは来る馬を教えてくれということですよね（笑）。

とはいえ、やはりパドック解説ですので、僕はパドックを中心とした解説を組み立てるべきと考えています。その中でも、パドックで歩いている馬を見てあれこれ御託を並べるのは誰でもできると思いますが、その先に、限られた時間の中で評価の上げ下げをして、推奨馬まで決めるところがパドック解説の難しさではないでしょうか。

――まさに同感です。事前に全く馬を見ていなかったとしても、パッと見て解説するぐらいはなんとなくできますが、その中で推奨馬を選び、順位付けするという作業が難解なのですよね。じっくりと考える時間などなく、ある意味、瞬発力勝負になってくるのです。

やーしゅん　パドック解説は間違いなく瞬発力勝負ですね。私は競馬新聞の記者ではなく、特に予想の印を打っているわけではないので、１頭１頭の解説をしながら、同時に推奨馬の上げ下げの評価をして決めています。

――それを聞けて安心しました。そんなことをしているのは僕だけかと思っていました。でも、やーしゅんさんのパドック解説を聞いているとブレていなくて凄いです。僕はよくブレてしまう緩いタイプです（笑）。

やーしゅん　そんなことはないですよ。私も解説をしながら、ああでもない、こうでもない、推奨はどうしようかなと悩みながら考えていますよ。真面目にパドック解説をしようとすると、どうしてもそうなってしまうと思います。

――瞬発力勝負ということは、そのときの精神状態に大きく影響を受けてしまうと僕は感じています。推奨馬が当たっているときはそのまま強気に迷いなく攻められるし、上手くいっていないときは弱気になって人気馬を含めてしまったりします。パドック解説者ほどではありませんが、一般の競馬ファンもパドックを見て馬券を買おうとすれば、10分～20分ぐらいの時間の中で決めなければならず、瞬発力勝負という面はあるはずです。パドックを見て馬券を買うファンに向けて、何かアドバイスのようなものはありますか？

やーしゅん　驚かれるかもしれませんが、あまりじっくりと見すぎない方が良いかもしれません。パッと見て歩様が良さそうだな、と思ったら良いと判断してそのまま行ってしまうことです。1頭を長く見れば見るほど、気になる部分も出てきてしまいます。どんな人でもパドックを見る経験が増えると、直感的にこれは良いと判断できるようになるはずです。その直感を大事にしてもらいたいですね。

そのためには、ある程度予習をしておくことが必要です。たとえば、前回のパドックの歩きがあまり良くなかったのを知っていれば、今回のパドックで良く見えたとき、すぐに良いと判断できます。これはただの勘ではなくて、予習なしには浮かんでこない「直感」であり「判断」ですから。

——ナイスアドバイスですね。僕もいちパドック解説者として心に留めたいと思います。ちなみに、これまでのパドック解説の中で、悔しかった思い出や会心の推奨のようなものはありますか？

やーしゅん　悔しいのは……毎週のことですね（笑）。あっちの馬にしておけば良かったかとか、この歩き・状態で来てしまうのか～と毎週、悔しい思いをしています。

嬉しいのは、やはり人気のなかった馬を推奨馬に入れられたときですかね。たとえば、2023年のフリーウェイステークスで、15番人気（単勝125倍）で勝ったペイシャフェスタという馬を推奨馬として挙げました。なぜ推奨馬に入れられたかというと、前走のパドックでは過去最高体重であったように太目残りで、毛艶も良くなかったのですが、フリーウェイステークスのときは休み明けにもかかわらずマイナス16kgと体は絞れて、毛艶も歩きも明らかに良くなっていました。典型的なパドックでの良化が感じられたケースですね。

また、エフフォーリアが2022年の大阪杯で9着に敗れたとき、Twitter（現X）でレース前にあまり歩様が良くないと発信していました。エフフォーリアはずっと右トモが良くないと言われていて、左手前が接着装蹄になったり、ならなかったりを繰り返してきました。3歳の有馬記念時も歩様は決して良くなかったので、勝ったときには驚かされました。

有馬記念が行われた中山競馬場は右回りであり、最後の直線では左手前で走るために右後肢で強く蹴ることになりますから、勝つのは厳しいかなと思っていましたが、ゴール前でもう一度、右手前に変えてグッと伸びたんですよね。あれは強いと思いましたし、エフフォーリアの勝負根性を見せつけられました。そういった経緯もあり、明らかに良く映らなかった大阪杯は期待半分、不安半分で見ていましたが、残念ながら惨敗してしまいました。会心の推奨ではありませんが、パドックを見ての見解としては、良いことを言えたのではないかと自負しています。

――15番人気の馬を推奨に入れてその馬が勝つことも簡単なことではありませんし、エフフォーリアのような絶対能力の高い馬をパドックで良くないと言い切ることも難しいことです。パドック解説冥利に尽きますよね。

続いて、返し馬について、どのような点を見ているか教えてください。

やーしゅん　パドックの歩きと関係してきますが、トモのブレは速歩がいちばん分かりやすいです。返し馬に出てくるとき、馬はダクを踏んでからキャンターに行くことが多いため、その速歩になっている部分を見ますね。走り出してしまえば、あとは鞍上のジョッキーと息が合っているかどうか、つまり行けと言われたら行くし、止まれと言われたら止まれているのか、馬が我慢できているかどうかを見ます。

2021年の日本ダービーにおける、ステラヴェローチェの返し馬は良かったですね。ステラヴェローチェはバゴ産駒でややうるさい面がありましたが、このときは吉田隼人騎手を背にゴール板まで歩いてきて、鞍上とのコンタクトもバッチリに映りました。一歩目からゆっくりと、徐々にスピードに乗っていくキャンターができていたのを見て、馬と人の信頼関係ができているのだと感じました。あれだけの大舞台であり、馬自身もテンションが上がっているはずですが、それでも騎手の指示を待てるのは素晴らしいと思いました。

個人的に、鞍上が「待って」と指示をして、ちゃんと待てる馬は良い馬だと思います。絶対的な能力を持っている馬は別にして、競馬はレースに行っても、返し馬でも、今は行くところじゃないから待ってねという騎手の指示に従える、つまり待てることが大事です。ある程度の力があれば、ビューっと行ってしまって勝つこともありますが、そういう馬って1つ2つしか勝てずに終わってしまうことが多々あります。相手に合わせた競馬ができるかどうかが重要で、そのあたりが返し馬から垣間見えることもありますね。

――待てるかどうかを見る、というのは深いです。実際に競走馬に乗ったことがあるからこその言葉の重みがあります。そして、返し馬において、待てるかどうかを見るというのは非常に面白い視点ですね。教えてくれてありがとうございます。

最後に、パドックを見る楽しさはどういうところにあると思いますか？

やーしゅん　パドックを見て、良いと思った馬が走るとシンプルに気持ちいいですよね。競馬の世界って、馬を馬主さんが買ってきて走らせるところからスタートします。その時点で、馬主さんは馬を見て、良いなと思って購入を決めているわけです。その馬を預かる調教師さんも、その馬の馬体や動きを見て、良し悪しを判断したりしています。さらに競馬場では私たちも馬を見て、馬券を買って楽しみます。誰もが馬を見て判断しているのは、それが競馬の醍醐味だからだと私は思っています。どれだけＡＩが進化しても、情報量が増えても、人が馬を見て判断するという構図はこの先も変わりません。パドックには競馬の醍醐味が詰まっている、それを多くの人に楽しんでもらいたいですね。

あとがき

名前も知らないけれど、尊敬している人が僕にはいます。新宿アルタ横にあった果物屋の店員さんです。店頭ではパイナップルやメロン、苺が串刺しにされた形で売られていて、僕はメロンが好きでその場でよく食べていました。小柄で坊主頭で独特な顔つきをした彼は、僕がまだ学生だった頃から店頭に立っていました。朝から晩まで一年中、雨の日も風の日も、年末年始やお盆休みも当たり前のように、いつ行っても彼はそこにいました。なぜか僕は彼のことが気になり始め、果物を買わないときも、彼がいるかどうか確認してお店の横を通りすぎました。僕が社会人になったときも、仕事が合わずにたった1年で辞めてニートになったときも、結婚して子どもができたときも、彼はいつもそこにいました。

おそらく僕は、自分の堪え性のなさに引け目を感じており、世の中が目まぐるしく変わっても、常に同じ場所に立っている彼の強さに敬意を抱いていたのでしょう。僕にとって彼は最前線に立ち続ける名もなき者の象徴でした。その後、彼は偉くなったのか、ひとつ後ろに下がって販売するようになり、店頭には別の男性がいるのを見たときは少し残念に思いました。さらにコロナ騒動の影響もあってか、お店が閉店してしまったときは、心にポッカリと穴が開いてしまったように感じたものです。

どこの競馬場に行っても、パドックに立ち続けている人がいます。たとえば、本書に登場したビリーのように、第1レースから最終レースまで、勝っても負けても1日中、雨の日も風の日も、馬を見続けている人がいるはずです。彼ら彼女たちこそが本物のパドック党であり、心から敬意を表します。そんな方々を差し置いて、僕のような物書きがパドックの教科書を出してしまうのは気が引けましたが、教えてもらったことを分かりやすく伝えるという役割は果たせているのではないかと思います。

本書は四半世紀をかけて書き上げました。製作期間25年。ビリーに教えてもらったことや自分自身で身をもって学んだことをブログに綴ったのが20代。そのアイデアを「パドックの見方を極める」という記事として「ROUNDERS」vol.5の中にまとめたのが30代。そこから数多くの競馬関係者にインタビューをしながら馬体について学び、川崎競馬のパドック解説を担当して経験を積み、大幅に加筆して1冊の本としてようやく完成したのが40代後半です。今思えば、彼が果物屋の店頭に立ち続けている間、僕も競馬について書き続けてきたのです。たくさんのホースマンたちに支えられ、なんとか50歳になるまでにパドックに関する本を上梓することができました。この場を借りて、関係者の皆さまに感謝を申し上げます。

この本を読んで、ひとりでも多くの競馬ファンが馬の心の声に耳を傾け、パドックを見る楽しさを感じてくださると嬉しいです。そして彼ら彼女たちの中から、パドックに立ち続ける本物が登場することを願ってやみません。

２０２３年９月　治郎丸敬之

治郎丸 敬之（じろまる たかゆき）

新しい競馬の雑誌「ROUNDERS」編集長。「週刊 Gallop」、「一口馬主 DB」、「キャロットクラブ会報誌」、「ウマフリ」等にコラムを連載中。単なる馬券検討ではなく、競馬の持つ様々な魅力を広く伝えることをモットーとしている。好きな馬はシンコウラブリイ、ヒシアマゾン、ブラックホークなど。

パドックの教科書

2023年10月20日 初版発行

著者　治郎丸敬之（じろまるたかゆき）

発行者　山手章弘

発行所　イカロス出版株式会社

〒101-0051 東京都千代田区神田神保町1-105

電話　03-6837-4661（出版営業部）

印刷・製本所 日経印刷

デザイン［カバー＆本文］ androworks
カバー写真　Photostud
各章扉写真　三浦晃一

編集　競馬道OnLine編集部（株式会社オーイズミ・アミュージオ）
https://www.keibado.ne.jp
本書の内容に関する問合せ：keibasupport@o-amuzio.co.jp